Du bist das Universum

Wie Bewusstsein die Welt erschafft und du dich
darin erkennst

Du bist das Universum ist eine Einladung, die tiefe Verbundenheit von allem zu erkennen. Entstanden aus einem Prozess der Selbsterkenntnis, zeigt dieses Buch, dass alles, was passiert, einen Grund hat und dass am Ende die Liebe als grundlegende Erkenntnis bleibt.

Lass dich auf eine Reise ein, die nicht nur deinen Verstand anspricht, sondern auch dein Herz berührt und dir zeigt, dass du mehr bist, als du je zu glauben wagtest.

Bibliografische Information der Deutschen Nationalbibliothek:

Die Deutsche Nationalbibliothek verzeichnet diese Publikation in der
Deutschen Nationalbibliografie;
detaillierte bibliografische Daten sind im Internet über http://dnb.dnb.de
abrufbar.

Die automatisierte Analyse des Werkes, um daraus Informationen
insbesondere über Muster,
Trends und Korrelationen gemäß §44b UrhG („Text und Data Mining") zu
gewinnen, ist untersagt.

Impressum © 2025

Hakan Özgür
3030 Sok. No 11 34430 Urla / Izmir
E-Mail: hakanoezguer@gmail.com

ISBN: 978-3-8192-1326-7
Verlag: BoD · Books on Demand GmbH, Überseering 33,
22297 Hamburg, bod@bod.de

Druck: Libri Plureos GmbH, Friedensallee 273, 22763 Hamburg

Stand: April 2025

Vorwort

Dieses Buch ist nicht geplant, sondern entstand nach und nach – Bild für Bild, Wort für Wort. Nicht, um etwas zu beweisen, sondern weil es notwendig war.

Die Entstehung von *Du bist das Universum* war ein innerer Prozess: Monate der Klarheit wechselten mit Phasen des Zweifels, Erkenntnisse mit Momenten der Stagnation, Erkenntnis, Loslassen und Vertrauen prägten diesen Prozess. Vergangenes wurde immer wieder neu betrachtet.

Viele Kapitel nahmen ihren Anfang als Gedanken, Bilder, Notizen und wuchsen zu zentralen Themen heran. Einige Einsichten fanden ihren Ausdruck in der Kunst und Projekten. Andere entstanden aus Dialogen, Begegnungen oder in immer wiederkehrender Zeichen im Alltag. *0907*

 Der Kern aller Erkenntnisse blieb stets die Vernetzung und Verbundenheit aller Dinge.

Das Buch vereint Elemente aus Philosophie, Psychologie, Astrophysik, Neurowissenschaft, Kunst und persönlichen Erfahrungen. Im

Vordergrund steht nicht reine Theorie, sondern praktische Anwendbarkeit. Ausgangspunkt waren stets Bilder, Fragen, Einsichten und die Neugier, das Erlebte wissenschaftlich einzuordnen und interdisziplinär zu verbinden.

Es ermutigt, Bekanntes zu hinterfragen und neue Sichtweisen zu erkunden. Diese Lektüre soll neue Perspektiven eröffnen und an das erinnern, was bereits jedem Menschen innewohnt.

•••• •

Einleitung:

Die Welt, in der du dich bewegst, scheint klar und verlässlich.
Du stehst morgens auf, betrittst bekannte Räume, folgst einem Tagesrhythmus, der dir vertraut ist.
Dinge haben Form, Zeit schreitet voran, Ereignisse folgen aufeinander, Ursache führt zu Wirkung.

Und doch: Manchmal entstehen kleine Risse in diesem Bild.
Ein vertrauter Ort fühlt sich plötzlich fremd an.
Ein Gedanke taucht auf, bevor du ihn bewusst gedacht hast.

Ein Zufall bringt Menschen oder Ereignisse zusammen, auf eine Weise, die mehr als bloßer Zufall zu sein scheint. Manche Begegnungen berühren tiefer, als es äußere Umstände erklären könnten.

Wenn du genauer hinschaust, beginnen die Selbstverständlichkeiten zu bröckeln. Was du für objektiv gehalten hast, zeigt sich als etwas, das auch von dir mitgeformt wird. Was du als Außenwelt erlebst, ist untrennbar verbunden mit deiner Wahrnehmung, deinem Bewusstsein.

Bewusstsein – jenes stille Erleben von Empfindung, Gedanke, Sinn – ist vielleicht nicht nur eine Funktion deines Gehirns. Vielleicht ist es der Ursprung dessen, was du Wirklichkeit nennst.

Dieses Buch will dir keine fertigen Antworten geben. Es will keinen neuen Glauben stiften. Es möchte Raum öffnen – für dein eigenes Empfinden, deine eigenen Fragen, dein eigenes Erkennen.

Die Vorstellung, dass du nicht getrennt bist von der Welt, die du erlebst, ist nicht neu. Aber sie verdient es, neu betrachtet zu werden – frei von vorgefertigten Erklärungen, mit offenem Blick.

In den kommenden Kapiteln wirst du eingeladen, verschiedene Ebenen zu erkunden: Bewusstsein, Information, Identität, Zeit. Nicht als abstrakte Ideen, sondern als Teil deines eigenen Erlebens – in jedem Gedanken, jeder Begegnung, jedem stillen Moment.

Vielleicht geschieht das Universum nicht außerhalb von dir. Vielleicht geschieht es durch dich.

Dieses Buch beginnt dort, wo Erfahrung, Beobachtung und Erkenntnis sich berühren. In dir.

Kapitel 1 – Bewusstsein: Ursprung jeder Erfahrung

Bewusstsein ist der Anfangspunkt. Nicht nur in diesem Buch, sondern in allem, was du erlebst.

Jede Wahrnehmung, jede Erinnerung, jeder Gedanke beginnt im Bewusstsein. Ohne Bewusstsein gäbe es für dich keine Farben, keine Geräusche, keine Zeit, keine Welt. Es gäbe kein Ich. Kein Du. Keine Geschichte. Nichts.

Trotzdem wird Bewusstsein in unserer Kultur häufig wie eine Begleiterscheinung behandelt. Etwas, das auftaucht, wenn das Gehirn aktiv ist. Eine Art Licht, das sich einschaltet, wenn bestimmte neuronale Schaltkreise feuern. Praktisch. Aber nebensächlich.

Dabei ist es genau umgekehrt: Alles, was du als Welt bezeichnest, taucht in deinem Bewusstsein auf.
Du siehst, hörst, fühlst, denkst – nicht, weil die Welt da draußen ist, sondern weil dein Bewusstsein dafür offen ist. Es ist nicht das Gehirn, das entscheidet, was real ist. Es ist das Bewusstsein, das entscheidet, was es als real erlebt.

Diese Perspektive mag ungewohnt sein. Sie widerspricht dem klassischen Weltbild, in dem die Realität unabhängig von dir existiert, objektiv messbar, vollständig erklärbar durch

Naturgesetze. Und sie widerspricht der Vorstellung, dass du als Mensch am Rand eines riesigen Universums existierst – klein, unbedeutend, vergänglich.

Doch dieses Bild beginnt zu bröckeln. Nicht nur in spirituellen Traditionen, sondern auch in den modernen Wissenschaften.

Die Neurowissenschaft hat bis heute keine Erklärung dafür, wie subjektives Erleben aus materiellen Vorgängen entstehen soll. Sie kann messen, wo im Gehirn bestimmte Aktivitäten stattfinden, wenn du zum Beispiel Musik hörst oder Angst empfindest. Aber sie kann nicht erklären, warum es sich überhaupt wie etwas anfühlt, Musik zu hören oder Angst zu haben. Warum gibt es überhaupt ein Erleben?

Das ist das sogenannte „harte Problem des Bewusstseins", wie es der Philosoph David Chalmers formuliert hat. Warum ist da ein inneres Erleben – und nicht einfach nur Verarbeitung?

Diese Frage hat viele Forscher, Philosophen und Denker dazu gebracht, das Fundament neu zu betrachten. Vielleicht ist Bewusstsein nicht das

Ergebnis physikalischer Prozesse. Vielleicht ist es deren Voraussetzung.

Wenn du darüber nachdenkst, was du als „Welt" erlebst, wird schnell klar: **Alles, was du kennst, kennst du durch Bewusstsein.**

Du hast noch nie etwas außerhalb deines Bewusstseins erlebt – und du wirst es auch nie. Farben, Geräusche, Gedanken, Stimmungen, Körperempfindungen – sie alle erscheinen in deinem Bewusstsein, nicht außerhalb davon.

Das bedeutet nicht, dass die Welt nicht existiert. Es bedeutet nur, dass dein Zugang zur Welt immer vermittelt ist. Durch Wahrnehmung, durch Interpretation, durch das, was du bewusst erfahren kannst.

In diesem Sinn ist Bewusstsein nicht eine Funktion in der Welt. Es ist vielmehr der Horizont, innerhalb dessen überhaupt etwas als Welt erscheinen kann.

Einige Philosophen sprechen in diesem Zusammenhang von phänomenalem Bewusstsein

— also dem Erlebnis, das es bedeutet, etwas zu sein, etwas zu spüren, etwas zu wissen.

Dieses Erleben ist nicht quantifizierbar. Es lässt sich nicht in Formeln fassen. Es ist nicht messbar. Und doch ist es das Einzige, dessen Existenz du unmittelbar sicher sein kannst.

Denn du kannst dich täuschen. Du kannst träumen. Du kannst halluzinieren. Aber du kannst dich nicht darin täuschen, dass du erlebst. Dass du bewusst bist. Dass da etwas ist.

Damit wird Bewusstsein zu einem besonderen Phänomen. Es ist kein Objekt unter anderen. Es ist das Feld, in dem Objekte überhaupt erst erscheinen.

Die dominante Vorstellung in der westlichen Welt lautet seit über zwei Jahrhunderten: Das Gehirn erzeugt das Bewusstsein. So wie die Leber Galle produziert, so produziert das Gehirn das subjektive Erleben. Eine biologische Funktion. Entstanden durch Evolution. Nützlich, aber letztlich erklärbar durch neuronale Aktivität.

Doch trotz jahrzehntelanger Forschung ist es nie gelungen, den entscheidenden Übergang zu beschreiben: Wie entsteht aus elektrischen Signalen im Gehirn ein Gefühl? Wie entsteht aus chemischen Reaktionen das Erleben von Trauer? Oder der Anblick eines Sonnenuntergangs? Oder das Gefühl von Verbundenheit?

Diese Lücke ist keine technische – sie ist konzeptuell.
Denn auf der einen Seite stehen messbare Vorgänge im Gehirn, auf der anderen Seite steht ein inneres, subjektives Erleben – das sich nicht auf diese Vorgänge zurückführen lässt, so präzise man sie auch beschreibt.

Aus diesem Grund haben sich in den letzten Jahren alternative Denkansätze formiert.
Eine davon ist der sogenannte Panpsychismus. Er schlägt vor, dass Bewusstsein keine spätere Erscheinung im Universum ist, sondern eine grundlegende Eigenschaft der Realität – ähnlich wie Raum, Zeit oder Energie.

Nach dieser Sichtweise hat nicht nur der Mensch Bewusstsein. Auch Tiere, Pflanzen, sogar Teilchen könnten rudimentale Formen von Erleben besitzen. Nicht im Sinne von Denken oder Fühlen, wie du es kennst, sondern als eine Art inneres Empfinden, ein proto-subjektiver Zustand.

Noch radikaler ist der Idealismus – eine philosophische Position, die besagt: Nicht Materie ist die Grundlage der Wirklichkeit, sondern Geist. Bewusstsein ist nicht in der Welt enthalten. Die Welt ist in Bewusstsein enthalten.

Auch das klingt zunächst ungewohnt. Aber vielleicht nicht unlogisch.
Denn wenn alles, was du je erlebt hast, sich in deinem Bewusstsein abgespielt hat, dann ist es zumindest denkbar, dass das, was du Welt nennst, letztlich eine Erfahrung in Bewusstsein ist – nicht außerhalb davon.

Diese Perspektive verschiebt nicht nur das Verständnis vom Ich und vom Universum.
Sie verändert auch die Art, wie du dich selbst erlebst.

Nicht als ein isoliertes Subjekt, das auf eine äußere Welt blickt. Sondern als ein Knotenpunkt in einem Bewusstseinsfeld, das sich selbst beobachtet – durch dich.

Die meiste Zeit identifizierst du dich mit deinem
Bewusstsein: „Ich bin bewusst."
Doch genau betrachtet bist du nicht der Besitzer
deines Bewusstseins. Du bist in Bewusstsein. Du
geschiehst in ihm – wie ein Gedanke, ein Moment,
ein Gefühl, das kurz auftaucht und sich wieder
verändert.

Es gibt keinen Ort außerhalb von Bewusstsein, an
dem du stehen könntest, um es zu betrachten.
Alles, was du als „du" wahrnimmst – deine
Gedanken, dein Körper, deine Stimme, deine
Geschichte – sind Inhalte in einem
Bewusstseinsfeld, das selbst nicht greifbar ist.

Dieses Feld lässt sich nicht lokalisieren, nicht
beschreiben, nicht objektivieren.
Und doch ist es immer da. Es ist das, was konstant
bleibt, während alle Erfahrungen kommen und
gehen. Freude, Angst, Müdigkeit, Klarheit – alles
verändert sich. Aber Bewusstsein ist immer da,
still, empfänglich, leer und voll zugleich.

Wenn du dich ganz still in dich hineinversenkst –
nicht denkend, sondern lauschend –, kannst du es
vielleicht spüren:
Nicht als Ding, sondern als Raum, als Qualität.

Nicht als Inhalt, sondern als Möglichkeit.
Nicht als Besitz, sondern als Sein.

Viele spirituelle Traditionen haben genau darauf
hingewiesen – nicht als Theorie, sondern als
direkte Erfahrung. Sie sprechen von einem
Bewusstseinsgrund, einer Quelle, einem inneren
Raum. Nicht getrennt vom Alltag, sondern darin
verborgen. Nicht jenseits der Welt, sondern
inmitten jeder Handlung, jeder Wahrnehmung.

Und auch ohne religiöse Sprache bleibt die
Beobachtung gültig:
Bewusstsein ist die Grundlage deines Erlebens.
Du kannst es nicht greifen – aber du bist es.

Wenn Bewusstsein der Raum ist, in dem Erleben
stattfindet, dann ist Aufmerksamkeit die
Bewegung innerhalb dieses Raumes.
Du kannst nicht alles gleichzeitig wahrnehmen.
Bewusstsein ist weit, aber selektiv. Es lenkt deinen
Fokus – wie ein Lichtkegel auf einer Bühne, der
einen bestimmten Bereich sichtbar macht,
während der Rest im Schatten bleibt.

Was du als „Welt" erlebst, ist das, worauf sich
deine Aufmerksamkeit richtet.

Das bedeutet: Realität ist nicht unabhängig davon, wie du sie wahrnimmst. Sie ist nicht fix. Sie ist dynamisch, mit dir verbunden, geformt durch deinen inneren Fokus.

Zwei Menschen können im selben Raum stehen und völlig Unterschiedliches wahrnehmen. Nicht, weil die Welt verschieden ist – sondern weil ihr innerer Blick verschieden ist. Das, was du siehst, ist nicht nur da draußen. Es entsteht im Zusammenspiel zwischen dir und dem, was du wahrnimmst.

Diese Erkenntnis ist nicht esoterisch. **Sie ist erfahrbar.**

Wenn du traurig bist, scheint die Welt grauer.
Wenn du verliebt bist, leuchtet alles heller.
Wenn du innerlich still bist, nimmst du feine Details wahr, die dir sonst entgehen.
Das ist kein Zufall. Es ist eine tiefe Wahrheit über die Natur des Erlebens:
Du gestaltest die Welt mit – durch deine Aufmerksamkeit.

Aus dieser Perspektive heraus wird klar:

Wirklichkeit ist kein starres Objekt. Sie ist eine Beziehung – zwischen dir und dem, was du erkennst.

Und in dieser Beziehung spielt dein Bewusstsein die zentrale Rolle.

Nicht als Beobachter von außen, sondern als aktiver Teilhaber an dem, was erscheint.

Das stellt viele gewohnte Annahmen infrage. Wenn Realität nicht einfach da ist, sondern in Beziehung zu deinem Erleben entsteht, dann ist jede Erfahrung eine Form von Co-Kreation. Du bist nicht ein passiver Zuschauer. Du bist Teil des schöpferischen Prozesses – in jedem Moment. Die moderne Wissenschaft hat Großartiges geleistet. Sie hat Strukturen sichtbar gemacht, Zusammenhänge entschlüsselt, Technologien ermöglicht, die dein Leben auf vielen Ebenen verändert haben. Ihr Zugang zur Wirklichkeit ist klar: Messen, beschreiben, wiederholen, überprüfen.

Doch dieser Zugang hat eine Grenze – und diese Grenze beginnt beim Bewusstsein.

Denn so objektiv ein Experiment auch aufgebaut ist, es wird immer von einem Subjekt wahrgenommen und interpretiert. Es ist nicht möglich, Bewusstsein zu beobachten, ohne dass Bewusstsein selbst schon aktiv ist. Du kannst Hirnströme messen, Reaktionszeiten vergleichen, Bildgebungsverfahren einsetzen. Aber das Erleben selbst – das, was du als rot, als warm, als traurig empfindest – entzieht sich jeder objektiven Messung.

Das ist keine Schwäche der Wissenschaft. Es ist die Struktur der Wirklichkeit selbst. Subjektivität lässt sich nicht in Objektivität auflösen. Denn jede objektive Beobachtung ist immer schon in einem subjektiven Bewusstsein eingebettet.

Viele Konzepte moderner Wissenschaft setzen stillschweigend voraus, dass es eine objektive Realität gibt, unabhängig vom Beobachter. Doch gerade in der Quantenphysik – dort, wo es um die kleinsten Bausteine der Realität geht – zeigt sich: Der Beobachter ist nicht getrennt vom Geschehen. Die Art, wie gemessen wird, beeinflusst das Ergebnis.

Das hat tiefgreifende Folgen.

Es bedeutet nicht, dass alles relativ ist oder dass „alles nur im Kopf" passiert. Es bedeutet, dass jede Erfahrung – auch wissenschaftliche – immer in einem Bewusstsein stattfindet. Und dass dieses Bewusstsein nicht aus der Gleichung entfernt werden kann, ohne die Wirklichkeit selbst zu verzerren.

In einem rein objektiven Weltbild bleibt kein Raum für das, was dir am nächsten ist: **Dein Erleben.**
Doch genau dort beginnt Wahrheit – nicht als messbare Größe, sondern als gelebte **Realität.**

Ein Großteil deines alltäglichen Erlebens ist identifiziert mit dem, was im Bewusstsein auftaucht: Gedanken, Erinnerungen, Gefühle, Körperempfindungen. Sie alle erscheinen wie dein „Ich". Du sagst: Ich denke. Ich fühle. Ich bin traurig. Ich habe Angst.

Doch wenn du innehältst, ganz ruhig wirst und beginnst zu beobachten, dann bemerkst du: Diese inneren Inhalte verändern sich. Gedanken kommen und gehen. Gefühle steigen auf, wandeln sich, verschwinden wieder. Körperempfindungen tauchen auf, verlagern sich, lösen sich auf. Selbst

das Gefühl, eine stabile Persönlichkeit zu sein,
schwankt – je nach Situation, Stimmung, innerem
Zustand.

Was bleibt, ist das Bewusstsein, in dem alles
erscheint.
Ein Feld, ein Raum, ein Hintergrund, der nicht
dasselbe ist wie das, was sich darin bewegt.

Das zu erkennen, ist kein philosophisches
Konstrukt – es ist eine praktische Einsicht.

Wenn du nicht mehr alles glaubst, was dein
Denken dir erzählt, wenn du beginnst, dich von
dem zu lösen, was in dir auftaucht, entsteht ein
neues Empfinden: **Nicht Distanz – sondern
Weite.**
Nicht Gleichgültigkeit – sondern innere Freiheit.

Das ist kein spirituelles Ideal, sondern eine
Bewegung zurück zu dem, was immer schon da
war:
Reines, stilles Gewahrsein. Ohne Form, ohne
Namen, ohne Urteil – aber völlig präsent.

Und je mehr du in diesen Raum hineinlauscht,
desto mehr beginnst du zu spüren:

Dass du nicht „in" der Welt bist – sondern dass Welt in dir geschieht.
Nicht in deinem Kopf. Sondern im offenen, klaren Bewusstsein, das allem zugrunde liegt.
Du musst nichts tun, um bewusst zu sein.
Du musst nichts denken, nichts fühlen, nichts analysieren.
Bewusstsein geschieht – still, unaufdringlich, immer da.
Es ist nicht deine Leistung. Es ist deine Grundlage.

Und vielleicht ist genau das die tiefste Entlastung:
Du musst nicht verstehen, was Bewusstsein ist, um dich darin zu verankern.
Du musst es nicht greifen, nicht definieren, nicht kontrollieren.

Du kannst dich einfach zurücklehnen – nicht im Körper, sondern im Innersten – und in dir erkennen, was unverändert bleibt, während alles andere sich wandelt.

Dort beginnt Klarheit.

Nicht als intellektuelle Erkenntnis, sondern als stille Einsicht:
Dass das, was du suchst, nicht getrennt von dir ist.

Dass das, was du beobachtest, bereits in Beziehung mit dir steht. Und dass du nicht etwas Zusätzliches brauchst, um vollständig zu sein. Sondern nur den Mut, still zu werden – und zu sehen, was ist.

Dieses Kapitel hat kein Fazit. Denn Bewusstsein ist kein Thema, das abgeschlossen werden kann. Es ist der Boden, auf dem du stehst. Das Medium, in dem du lebst. Die Präsenz, in der alles auftaucht.

Vielleicht ist das, was du „ich" nennst, nur ein vorübergehender Ausdruck dieses tieferen Feldes. Vielleicht ist dein Leben eine Bewegung in einem Raum, der nicht dir gehört – sondern du ihm.

In den nächsten Kapiteln werden wir untersuchen, wie dieses Bewusstsein mit der äußeren Welt verbunden ist. Wie Physik und Philosophie auf seine Existenz reagieren. Wie Information, Materie, Zeit und Raum sich verwandeln, wenn Bewusstsein nicht mehr als Produkt, sondern als Ursprung gedacht wird.

Aber all das beginnt hier.
Im einfachen Erleben.

Kapitel 2 – Die seltsame Welt der Physik

Wenn du dich in deinem Alltag bewegst, scheint
die Welt stabil.
Du drückst auf einen Lichtschalter, und das Licht
geht an.
Ein Stein fällt zu Boden, nicht nach oben.
Du kannst Objekte anfassen, bewegen, benennen.
Die Welt wirkt zuverlässig, berechenbar, greifbar.

Dieses intuitive Weltbild ist tief in dir verankert.
Es entspricht deiner Erfahrung – und der
jahrtausendelangen Vorstellung einer festen,
objektiven Wirklichkeit.
Doch sobald du beginnst, unter die Oberfläche zu
schauen, beginnt dieses Bild zu bröckeln.

In der klassischen Physik, die seit Newton das
wissenschaftliche Denken prägte, galten Raum,
Zeit und Materie als absolute Gegebenheiten. Alles
schien kausal erklärbar: Wenn du genug
Informationen über ein System hast, kannst du
berechnen, wie es sich in Zukunft verhält.

Die Welt als riesige, präzise Maschine.

Doch im 20. Jahrhundert veränderte sich dieses Bild grundlegend.

Mit der Entwicklung der Quantenmechanik und der Relativitätstheorie zeigten sich Phänomene, die dem gesunden Menschenverstand widersprachen – und das Fundament der objektiven Wirklichkeit erschütterten.

Auf der Ebene des Allerkleinsten – bei Elektronen, Photonen, Atomen – gelten andere Regeln als im Alltag.

Teilchen verhalten sich mal wie feste Punkte, mal wie Wellen.
Sie können sich an mehreren Orten gleichzeitig aufhalten.
Und das, was du beobachtest, hängt davon ab, wie du hinschaust.

Ein berühmtes Beispiel ist das sogenannte Doppelspalt-Experiment.
Es zeigt: Sobald du versuchst, genau zu beobachten, welchen Weg ein Teilchen nimmt, verändert sich sein Verhalten.

Ohne Beobachtung zeigt sich ein Wellenmuster –
eine Überlagerung von Möglichkeiten.
Mit Beobachtung kollabiert diese Überlagerung –
und das Teilchen nimmt eine konkrete Bahn.

Was bedeutet das?

Es bedeutet, dass der Beobachter nicht neutral ist.
Er verändert das, was er beobachtet.
Oder noch genauer:

**Die Realität zeigt sich anders, abhängig
davon, ob – und wie – sie wahrgenommen
wird.**

Das Doppelspalt-Experiment ist kein
Randphänomen. Es ist eines der zentralen
Ergebnisse der Quantenmechanik – jener
Disziplin, die heute als Grundlage unseres
Verständnisses von Materie gilt. Und es zeigt
deutlich: Die Realität auf mikroskopischer Ebene
ist nicht festgelegt, bis sie in Beziehung tritt mit
einer bewussten Messung, einem Akt der
Beobachtung.

Das stellt viele gängige Vorstellungen infrage.

Denn es bedeutet: Die Welt existiert nicht unabhängig davon, dass du sie beobachtest. Sie ist nicht einfach „da draußen", fertig, objektiv, klar umrissen.

Sie ist – zumindest auf der Quantenebene – eine Wolke von Möglichkeiten, die sich erst dann zu einer konkreten Realität „verdichtet", wenn sie mit Aufmerksamkeit oder Messung in Kontakt kommt.

Die moderne Physik zwingt dich, neu zu denken – nicht nur über Teilchen und Felder, sondern über die Rolle des Beobachters, über das Verhältnis von Subjekt und Objekt, über die Frage, was „real" eigentlich heißt.
Nicht nur die Welt der kleinsten Teilchen fordert dich heraus, anders zu denken. Auch in der Welt des Großen – auf der Ebene von Sternen, Planeten, Galaxien – gerät das gewohnte Verständnis ins Wanken.

Bevor Einstein seine Relativitätstheorien entwickelte, galt Raum als ein fester Hintergrund, in dem sich Ereignisse abspielen – wie eine Bühne, auf der sich Dinge bewegen. Zeit wiederum wurde als absolut betrachtet: Sie vergeht gleichmäßig, für alle Beobachter gleichermaßen, unabhängig von Ort und Geschwindigkeit.

Doch Einsteins Theorien veränderten dieses Bild grundlegend.

In der Spezialrelativitätstheorie (1905) zeigte er, dass Raum und Zeit keine unabhängigen Konstanten sind, sondern miteinander verknüpft – und dass sie relativ sind zur Bewegung des Beobachters.

Je schneller du dich bewegst, desto langsamer vergeht die Zeit aus Sicht eines außenstehenden Beobachters.

Je näher du dich der Lichtgeschwindigkeit näherst, desto stärker verlangsamt sich deine Zeitwahrnehmung – relativ zum Ruhezustand anderer.

In der Allgemeinen Relativitätstheorie (1915) wurde dieses Konzept noch weitergeführt.

Dort wird gezeigt, dass große Massen – wie Planeten oder Sterne – den Raum krümmen und damit auch den Verlauf der Zeit beeinflussen. Zeit vergeht in der Nähe massereicher Objekte langsamer. Raum ist nicht mehr flach, sondern dynamisch – verformbar durch Masse und Energie.

Das bedeutet: Raum und Zeit sind keine starren Bühnen mehr. Sie sind Teil des Spiels. Sie sind nicht unabhängig von dem, was geschieht – sondern selbst veränderlich, reaktiv, miteinander verwoben.

In der Alltagserfahrung bemerkst du diese Effekte nicht. Sie treten nur bei extrem hohen Geschwindigkeiten oder massereichen Objekten zutage. Aber sie gelten prinzipiell überall – auch hier, auch jetzt.

Diese Erkenntnisse haben nicht nur die Physik revolutioniert. Sie haben auch dein intuitives Verständnis der Wirklichkeit erschüttert.
Denn sie zeigen: Auch Zeit und Raum – jene Dimensionen, in denen sich dein Leben scheinbar selbstverständlich entfaltet – sind keine absoluten Größen. Sie sind Beziehungsgrößen. Relativ.

Veränderlich. Geformt durch Bewegung, Energie, Gravitation.

Wenn Raum und Zeit keine festen
Rahmenbedingungen sind –
was bedeutet das für dein Erleben von Realität?
Was die moderne Physik in den letzten hundert
Jahren ans Licht gebracht hat, geht weit über
technische Fortschritte hinaus.
Sie hat nicht nur Geräte und Modelle
hervorgebracht – sie hat das Fundament dessen
erschüttert, was du für „wirklich" hältst.

Lange Zeit war das sogenannte klassische Weltbild
vorherrschend: Die Vorstellung, dass es da
draußen eine objektive, stabile Realität gibt,
unabhängig davon, ob du hinsiehst oder nicht.
Eine Welt aus Teilchen, Feldern, Raum und Zeit –
präzise, berechenbar, vorhersagbar.

Doch sowohl die Quantenmechanik als auch die
Relativitätstheorie zeigen:
Dieses Bild ist unvollständig.

Teilchen verhalten sich je nach Beobachtung
anders.
Raum und Zeit sind nicht fix, sondern variabel.

Information ist nicht nur Beiwerk, sondern womöglich konstitutiv für das, was du Materie nennst.

Die Welt ist nicht einfach da. **Sie ist Beziehung.** Ein dynamisches Zusammenspiel zwischen Beobachter und Beobachtetem, zwischen Subjekt und Objekt.

Das bedeutet nicht, dass die Welt nur in deinem Kopf existiert.
Aber es bedeutet, dass das, was du als „Wirklichkeit" erfährst, niemals ohne dich gedacht werden kann.

Du bist nicht ein außenstehender Beobachter, der eine fertige Welt betrachtet.
Du bist Teil eines Systems, das sich nur vollständig beschreiben lässt, wenn dein Erleben, dein Blick, deine Perspektive mitgedacht wird.

In der Philosophie nennt man diesen Ansatz konstruktiven Realismus oder auch relationalen Idealismus:
Die Idee, dass Realität nicht unabhängig existiert, sondern immer in Beziehung – zur Wahrnehmung, zur Interpretation, zur Erfahrung.

Das stellt viele gewohnte Gewissheiten infrage.
Aber es öffnet auch neue Räume:
für Verantwortung, für Mitgestaltung, für das
Verständnis, dass du nicht zufällig hier bist –
sondern einer von vielen aktiven Knotenpunkten
in einem lebendigen, bewussten Kosmos.

In der klassischen Vorstellung war die Welt aus
Materie aufgebaut – festen Objekten, die durch
Kräfte aufeinander einwirken. Energie kam hinzu
als Bewegungsform dieser Materie. Raum und Zeit
bildeten den Rahmen.

Doch je weiter sich die Forschung entwickelte,
desto klarer wurde:
Materie ist nicht das Fundament, sondern eine
Form.
Teilchen bestehen größtenteils aus leerem Raum.
Ihre Masse entsteht nicht durch Substanz,
sondern durch Felder, Beziehungen,
Energiezustände.

In der Quantenphysik erscheinen viele
Eigenschaften – Ort, Impuls, Spin – nicht als feste
Werte, sondern als Information, die sich erst im
Moment der Messung konkretisiert.

Auch die Thermodynamik, die Lehre von Energie, **Ordnung und Chaos**, kommt zunehmend zu dem Schluss:
Nicht Materie ist das Entscheidende, sondern **Informationsdichte.**
Systeme haben einen Zustand, der sich über ihre verfügbaren Informationen beschreiben lässt. Je mehr Ordnung, desto weniger Information. Je mehr Unordnung – oder Offenheit –, desto höher der Informationsgehalt.

Selbst Schwarze Löcher, lange Zeit als „Wissen verschlingende" Objekte betrachtet, speichern offenbar Information über alles, was in sie hineinfällt – nicht in der Tiefe, sondern an ihrer Oberfläche, ihrer sogenannten Ereignishorizont-Fläche.
Ein physikalisches Objekt, das Information speichert wie ein Speicherchip, obwohl es vollständig kollabiert ist. Eine paradoxe, aber bedeutende Entdeckung.

Diese und viele andere Phänomene haben dazu geführt, dass manche Theoretiker heute sagen: **Information ist der eigentliche Stoff des Universums.**

Nicht Materie. Nicht Energie. Sondern die Beziehung zwischen Zuständen, die Struktur hinter dem, was erscheint, die Form der Form.

Diese Idee ist radikal – und gleichzeitig zutiefst anschlussfähig. Denn Information ist nicht nur physikalisch, sondern auch bewusstseinsnah. Denn Information ist immer bedeutungsvoll – sie existiert nur, wenn es ein System gibt, das sie versteht, nutzt, verarbeitet. Und das wiederum bringt das Bewusstsein erneut ins Spiel. Wenn Information zur zentralen Kategorie wird – nicht nur in Technologie, sondern im physikalischen Verständnis der Welt –, dann stellt sich automatisch eine neue Frage: Wer oder was liest diese Information?

Information ist keine neutrale Größe. Sie existiert nicht einfach so.

Damit etwas Information ist, braucht es ein Bezugssystem, einen Kontext, einen Empfänger. **Ein Bit ist nur dann ein Bit, wenn es für jemanden Bedeutung trägt.**

Ein genetischer Code ist nur dann wirksam, wenn er von etwas gelesen und umgesetzt wird – in Zellen, Proteinen, Lebensprozesse.

Information braucht Beziehung. Sie ist nicht isoliert. Sie ist immer verknüpft mit Interpretation, Wirkung, Sinn.

Und hier beginnt sich ein Kreis zu schließen:

Wenn das Universum aus Information besteht – und wenn Information Bedeutung braucht –, dann wird deutlich: Es braucht nicht nur Strukturen, sondern auch **Erleben.**
Etwas, das Sinn erkennt. Das Beziehung wahrnimmt. Das Wandel erfährt. Etwas, das bewusst ist.

Diese Perspektive stellt die Trennung zwischen Bewusstsein und Welt infrage.
Wenn Bewusstsein nicht länger als Ausnahme gedacht wird – als Produkt eines bestimmten Nervensystems –,
sondern als Prinzip, das tief mit der Struktur der Realität verbunden ist,

dann entsteht ein neues Weltbild: nicht materialistisch, nicht mystisch – sondern relational.

Bewusstsein ist in dieser Sichtweise kein Epiphänomen,keine zufällige Begleiterscheinung biologischer Komplexität,sondern ein essentieller Aspekt eines Universums, das selbst Beziehung ist.

Ein Universum, das durch Informationsflüsse organisiert ist – und durch Sinn, Deutung, Resonanz lebendig wird.

Du bist in diesem Universum nicht Beobachter von außen. Du bist Teil seiner Lesbarkeit.
Du bist ein Punkt, an dem Information zu Erfahrung wird. Und vielleicht ist es genau diese Fähigkeit – zu erleben, zu deuten, zu erkennen – die dem Kosmos erlaubt, sich selbst zu verstehen.

Es ist ein **Prozess,** in dem du untrennbar eingebettet bist – als Mitspieler, als Wahrnehmender, als Ausdruck.
Und vielleicht geht es nicht darum, die Welt vollständig zu erklären –
sondern sie bewusst zu erleben, mit all ihren Widersprüchen, Tiefen und Möglichkeiten.

In dieser Sichtweise ist Physik nicht kalt, sondern lebendig.
Nicht nur Messung, sondern Meditation über das Wirkliche.

Und du selbst bist kein zufälliges Ergebnis dieses Prozesses –
sondern vielleicht genau das, was ihn sichtbar macht.

Wenn das Universum Bewusstsein trägt –
dann bist du ein Teil dieses Bewusstseins.
Nicht getrennt. Nicht außenstehend.
Sondern eine Form, in der das Ganze sich erkennt.

Kapitel 3 – Information: Der Stoff, aus dem die Wirklichkeit ist

Wenn du an Wirklichkeit denkst, denkst du vielleicht an Dinge: Berge, Körper, Sterne.
Oder an Prozesse: Bewegung, Entstehung, Zerfall.
Vielleicht auch an Kräfte: Anziehung, Widerstand, Wandlung.

Doch was, wenn all das nur Oberfläche ist –
und die eigentliche Substanz der Welt nicht Materie, nicht Energie, sondern Information?

Information ist ein stilles Prinzip. Sie macht sich nicht durch Kraft bemerkbar, sondern durch Struktur, durch Beziehung, durch Bedeutung. Sie ist nicht sichtbar – und doch bestimmend. Sie entscheidet, was möglich ist, was gedacht oder erlebt werden kann.

In der Physik, in der Biologie, in der Computerwissenschaft ist Information längst keine abstrakte Größe mehr. Sie ist eine universelle Währung: Die DNA trägt Information über das Leben. Das Licht, das du siehst, transportiert Information über Objekte. Dein Gehirn verarbeitet in jeder Sekunde unzählige Informationen, filtert, gewichtet, verbindet.

Diese Sichtweise verändert die Frage: Nicht mehr: Woraus besteht die Welt? Sondern: Wie ist sie organisiert? Was

unterscheidet, erinnert, gestaltet?

Wirklichkeit ist nicht einfach da. Sie ist geordnet, vernetzt, lesbar. Dort, wo Information fließt, entsteht Möglichkeit.

Und du bist nicht nur Empfänger dieser Ströme.
Du bist auch Sender, Gestalter, Schöpfer.
Dein Denken, dein Fühlen, dein Erinnern – alles
ist Informationsverarbeitung.
Doch anders als Maschinen verarbeitest du nicht
bloß Daten – du erlebst Bedeutung.

Information ist mehr als Daten.
Ein Strom von Zeichen bleibt bedeutungslos, wenn
niemand ihn liest, deutet, einordnet.

Was du Welt nennst, ist nicht nur Materie in
Bewegung.
Es ist strukturierte Information.
Die Muster der Natur – Kristalle, biologische
Systeme, soziale Prozesse – sind
Erscheinungsformen von Information.

Selbst das, was du als Zufall erlebst, folgt einer
Ordnung – und Ordnung ist Information.

Der Physiker John Archibald Wheeler brachte es
auf den Punkt:
„It from Bit."
Alles, was ist, entsteht aus Information.

Nicht Teilchen bilden die Grundlage der
Wirklichkeit, sondern die Unterscheidungen
selbst: ja oder nein, so oder anders.

Information entsteht nicht aus Materie.
Sondern Materie aus Information.

Doch Information allein genügt nicht.
Sie braucht einen Kontext.
Sie braucht Bewusstsein, um Sinn zu entfalten.

Ein Code ohne Leser bleibt stumm.
Eine Botschaft ohne Bewusstsein bleibt
bedeutungslos.

So entsteht ein Kreis:
Die Welt besteht aus Information –
aber Information wird erst Welt, wenn sie
erlebt wird.

Information existiert nur im Verhältnis –
zwischen Sender und Empfänger, zwischen
Struktur und Bedeutung.

Ein DNA-Strang enthält Milliarden von Basen.
Doch erst lebendige Zellen lesen ihn – und
verwandeln Information in Leben.

Auch im Alltag zeigt sich:
Ein Satz bleibt leer, wenn du die Sprache nicht
verstehst.
Ein Gesicht bleibt stumm, wenn du keinen Bezug
spürst.

Information bedeutet immer Beziehung, Resonanz.
Sie lebt davon, dass etwas in dir antwortet – innerlich oder äußerlich.

Je tiefer du in die Struktur der Welt blickst, desto klarer wird:
Komplexität entsteht nicht durch Menge, sondern durch Beziehung.

Ein Sandhaufen aus Milliarden Körnern ist nicht komplex. Ein einzelnes Atom auch nicht.

Komplexität entsteht dort, wo Muster aufeinander antworten, wo Systeme miteinander vernetzt sind.

Lebende Systeme sind durchzogen von Informationsflüssen.
Eine Zelle kommuniziert, reguliert, entscheidet – ohne zentrales Steuerorgan.

Auch Gehirne, Ökosysteme, Gesellschaften funktionieren nicht linear – sondern vernetzt, selbstorganisiert, adaptiv.

In dieser Sichtweise ist Verbundenheit kein spirituelles Ideal – sondern ein strukturelles Prinzip.

Nichts existiert für sich allein.
Alles ist, was es ist, durch seine Beziehungen.

Auch du.

Dein Körper ist kein abgeschlossener Behälter.
Er tauscht ständig Luft, Wasser, Energie mit
seiner Umgebung.
Dein Nervensystem antwortet auf Geräusche,
Berührungen, Atmosphären.

Und dein Bewusstsein – so persönlich es sich
anfühlt – ist geprägt von Sprache, Kultur,
Beziehung.

Dein Selbst ist kein isoliertes Zentrum.
Es ist ein Übergang, ein Knotenpunkt, an dem
Information sich verfeinert.

Und je feiner sie wird, desto mehr öffnet sich ein
Raum: für Einsicht, für Stille, für Verbundenheit,
die nicht erst geschaffen werden muss, weil sie
längst da ist.

Wenn du Information als tragendes Prinzip
verstehst, verändert sich dein Blick auf
Bewusstsein:
Es erscheint nicht mehr als rätselhafter Zufall

biologischer Komplexität, sondern als innere Seite der Welt.

Information beschreibt die Ordnung. Bewusstsein erlebt sie.

Ohne Bewusstsein gäbe es keine Bedeutung, keine Erinnerung, kein Werden.
Und ohne Information gäbe es keine Muster, keine Stabilität, kein Leben.

Beides gehört untrennbar zusammen.

Was du Realität nennst, wird nicht einfach gefunden.
Es wird aktiv wahrgenommen, gedeutet, verkörpert.

Dein Bewusstsein ist kein Spiegel.
Es ist Teil des Schöpfungsgeschehens.
Nicht im religiösen, sondern im strukturellen Sinn.

Die Welt, wie du sie kennst, entsteht durch dein Erleben.

Subjektivität ist kein Mangel.
Sie ist die Art, wie Welt in dir Gestalt annimmt.

Jede Perspektive ist ein Zugang zur Wirklichkeit –
einzigartig, lebendig.

Welt ist kein fertiges Objekt.
Sie ist ein Raum von Möglichkeiten, der sich in dir
konkretisiert.

Deine Erfahrung ist Teil der Welt – nicht ihr
Gegenteil.

Du bist kein Irrtum im System.
Du bist ein innerer Aspekt des Ganzen –
ein Bewusstsein, das Information verwandelt:
in Bedeutung, in Erfahrung, in Leben.

Zwischenreflexion – Die Welt als Beziehung

Drei Kapitel liegen hinter dir.
Drei Wege, die sich berührt haben – in dir.

Du hast gesehen, dass Bewusstsein der Ursprung
jeder Erfahrung ist.
Dass Physik selbst von Beobachtung
durchdrungen ist.
Dass Information kein leeres Prinzip ist, sondern
Beziehung, Resonanz, Bedeutung.

Es zeigen sich keine festen Dinge.
Es zeigen sich Muster, Verbindungen, Offenheit.

Ein Universum, das nicht wie eine Maschine wirkt,
sondern wie ein Gespräch –
und du bist nicht Zuschauer, sondern Teil davon.

Du musst nichts glauben.
Aber du kannst sehen, was sich zeigt:
Dass du nicht vom Ganzen getrennt bist.
Dass das Ganze sich in dir erkennt.

Vielleicht beginnt alles dort, wo etwas empfängt,
antwortet, spürt.
Vielleicht beginnt alles in dir.

Und so taucht die nächste Frage auf:
Wer ist dieses „Ich", das erlebt?

Mit dieser Frage öffnet sich der nächste Schritt.

Kapitel 4 - Wer bin ich? Über Identität, Ich-Gefühl und Selbstwahrnehmung

Wer bin ich? Diese scheinbar einfache Frage
begleitet die Menschheit seit Jahrtausenden. Im
Alltag beantworten wir sie meist automatisch: mit
unserem Namen, unserem Beruf, unseren

Beziehungen oder Eigenschaften. Doch hinter
diesen schnellen Antworten verbirgt sich eine
tiefere Unsicherheit. Gibt es jenseits von Namen
und Rollen ein bleibendes Ich, einen inneren
Kern, der uns ausmacht? Oder ist das Gefühl eines
stabilen Selbst am Ende nur eine Art nützliche
Illusion?

In diesem Kapitel gehen wir der Frage nach der
eigenen Identität ruhig und reflektierend auf den

Grund. Wir betrachten philosophische Perspektiven, die das Ich-Gefühl auf den Prüfstand stellen. Wir holen psychologische Einsichten hinzu, die zeigen, wie unser Selbstbild aus Erinnerung, Körperempfinden, sozialen Rollen und Sprache geformt wird. Wir beleuchten, wie sich das Ich im Alltag wahrnimmt – und wo die Grenzen dieser Wahrnehmung liegen. Schließlich erkunden wir die Vorstellung, dass das Selbst kein fester Kern ist, sondern ein lebendiger Prozess. All dies soll einen Weg weisen zu einer offeneren, flexibleren Selbstwahrnehmung jenseits starrer Vorstellungen.

Die philosophische Frage nach dem Ich: **Gibt es ein beständiges Selbst?**

Seit jeher haben Denker darüber gestritten, ob es ein beständiges, unveränderliches Selbst gibt. Der französische Philosoph René Descartes ging im 17. Jahrhundert davon aus, ein unzweifelbares Fundament des Ich gefunden zu haben: Cogito ergo sum – „Ich denke, also bin ich." In unserem bewussten Erleben scheint tatsächlich immer ein „Ich" aufzutauchen, das denkt, fühlt und wahrnimmt. Doch bedeutet das, dass dieses Ich eine Art bleibende Essenz ist?

Andere Philosophen waren skeptischer. Der schottische Denker David Hume etwa argumentierte schon im 18. Jahrhundert, dass das, was wir Selbst nennen, letztlich nur eine Ansammlung von Eindrücken und Wahrnehmungen ist – ohne dass dahinter ein dauerhaftes Wesen steckt. Wenn wir in uns hineinschauen, finden wir nie ein unveränderliches Ich, sondern stets wechselnde Gedanken, Gefühle und Sinneseindrücke.

Diese Überlegungen können zunächst verunsichern. Wenn es kein festes Ich gibt – wer oder was erlebt dann überhaupt mein Leben? Habe ich keine Kontinuität?

Natürlich erleben wir eine Form von Kontinuität:

Ich wache morgens auf und habe Erinnerungen an gestern; ich erkenne mich im Spiegel; ich fühle mich im Großen und Ganzen als dieselbe Person wie vor einigen Jahren. Das Konzept eines Ichs ist also keineswegs bedeutungslos – im Gegenteil, es strukturiert unsere gesamte Erfahrung. Die Frage ist aber, wie diese Kontinuität zustande kommt und was genau da kontinuiert.

Ist es ein unveränderliches inneres Wesen? Oder ist es eher eine Geschichte, die wir uns erzählen, ein immer wieder neu entstehendes Muster?

Ein hilfreiches Bild aus der Philosophie ist das vom Fluss oder einer Flamme. Eine Flamme, zum Beispiel einer Kerze, erscheint uns konstant – doch in jedem Augenblick besteht sie aus anderen Partikeln, stetig wird neues Wachs verbrannt und Licht abgegeben. Ähnlich fließt ein Fluss unaufhörlich: Das Wasser von gestern ist längst weitergezogen, dennoch nennen wir ihn weiterhin „den Fluss", als ob er ein festes Ding wäre. Könnte es sich mit dem Ich genauso verhalten? Bin ich wie ein Fluss, der sich ständig verändert und dennoch einen Namen trägt, der Kontinuität suggeriert?

Ein anderes Gedankenexperiment stellt das Schiff des Theseus vor. Dabei fragt man sich, ob ein Schiff, dem man nach und nach alle Bretter austauscht, am Ende noch dasselbe Schiff ist. Übertragen auf uns Menschen: Unser Körper erneuert sich fortlaufend – Zellen sterben ab und neue entstehen –, und auch unsere Gedankenwelt wandelt sich. Trotzdem beharren wir darauf, noch dieselben zu sein wie früher. Vielleicht ergeht es uns wie dem Schiff: Obwohl all seine Teile ausgetauscht wurden, hält etwas die Identität zusammen – sei es ein Name, eine Form oder schlicht die Erzählung, dass es „dieselbe" Sache bleibt.

Die philosophische Betrachtung lehrt uns Demut: Was wir als unser festes Selbst ansehen, könnte sich bei näherer Analyse als etwas Wandelbares erweisen. Das bedeutet nicht, dass wir überhaupt nicht existieren – sondern dass unser Sein vielleicht dynamischer und komplexer ist, als die Alltagssicht vermuten lässt. Sogar biologisch sind wir Prozesse: Die meisten unserer Körperzellen werden im Laufe von Jahren ausgetauscht, ohne dass unser Ich-Gefühl davon erschüttert wird. Indem wir die Idee eines unveränderlichen Ich-Kerns loslassen, öffnen wir uns dafür, das Selbst als lebendigen Prozess zu verstehen. Doch wie entsteht dieses prozesshafte Ich konkret? Hier lohnt ein Blick in die Psychologie und Neurowissenschaft, die spannende Einblicke liefert.

Die Bausteine der Identität: Erinnerung, Körpergefühl, soziale Rollen und Sprache

Erinnerung: **Das Ich als Geschichte**

Eine wesentliche Grundlage unserer Identität ist das Gedächtnis. Wir erleben uns selbst als dieselbe Person, weil wir uns an unseren Lebensweg erinnern können. Unsere autobiografischen Erinnerungen verweben einzelne Erlebnisse zu einer fortlaufenden Geschichte – der Geschichte unseres Ich. Das fängt schon in der Kindheit an: Erst wenn kleine Kinder ein gewisses Bewusstsein ihrer selbst entwickeln, können sie bleibende Erinnerungen an eigene Erfahrungen ausbilden. Ein Zweijähriges wird sich kaum später an seinen zweiten Geburtstag erinnern; ein fünfjähriges Kind hingegen kann bereits lebhafte Erinnerungen an Ereignisse aus dieser Zeit abrufen. Mit dem entstehenden Selbstbewusstsein beginnt also das Gehirn, Erlebnisse als „meine Erlebnisse" zu speichern.

Blicken wir einmal ans andere Ende des Lebens: Interessanterweise erinnern sich ältere Menschen besonders häufig an Erlebnisse aus ihrer Jugendzeit (ungefähr zwischen dem 15. und 25. Lebensjahr). Psychologen nennen das den Reminiszenz-Effekt . Die Zeit des Erwachsenwerdens ist voller prägender „erster Male" – erste Liebe, erster Kummer, wichtige Übergangsrituale –, welche die Identität nachhaltig formen . Diese Häufung intensiver Erfahrungen führt dazu, dass bei vielen Menschen die Jugendjahre einen Erinnerungsschwerpunkt bilden, während mittlere Jahre vergleichsweise blasser bleiben.

Stellen dir nun vor, du wärst eines Tages ohne jede Erinnerung an Ihr bisheriges Leben: kein Gestern, kein Name, keine Biografie. Oder andersherum: Eine Person mit völlig anderer Lebensgeschichte hätte plötzlich all Ihre Erinnerungen in ihrem Kopf. Wer wäre dann wer? Unser Gefühl dafür, wer wir sind, hängt ganz entscheidend an dem Schatz unserer Erinnerungen und Erfahrungen . Würden wir mit einem Schlag all unsere Erinnerungen verlieren, würden wir uns selbst vermutlich nicht wiedererkennen. Umgekehrt formt das, was wir erlebt und gespeichert haben, beständig unser Selbstbild.

Dabei ist bemerkenswert, wie kreativ und auch fehleranfällig unser Gedächtnis arbeitet. Wir neigen dazu, aus der Fülle an Ereignissen eine stimmige Erzählung zu machen. Unbewusst betonen wir manche Episoden, andere blenden wir aus, damit unser innerer Lebensfilm eine klare Linie ergibt. Das autobiografische Gedächtnis sorgt so dafür, dass wir uns als konsistente

Persönlichkeit wahrnehmen. Allerdings ist diese Wahrnehmung teilweise eine Illusion, denn Erinnerungen sind keineswegs unveränderlich. Jedes Mal, wenn wir eine Erinnerung hervorrufen, wird sie im Gehirn wieder neu abgespeichert – und kann sich dabei verändern. Wir deuten frühere Ereignisse aus heutiger Sicht um, füllen Lücken mit Vermutungen auf oder vermengen echte Erlebnisse mit Erzählungen anderer. So entsteht im Laufe der Zeit ein persönlicher Mythos: eine Geschichte, die wir über uns selbst erzählen. Sie mag vereinfacht oder geschönt sein, doch sie gibt unserem Ich einen roten Faden.

Manchmal zeigt sich erst bei Störungen des Gedächtnisses, wie wichtig Erinnerungen für die Identität sind. Menschen mit Amnesie – sei es durch Unfall oder Krankheit – verlieren nicht nur Faktenwissen, sondern oft auch das Gefühl für die eigene Person. Wenn jemand etwa aufgrund von Alzheimer die Erinnerungen an sein bisheriges Leben nach und nach einbüßt, dann verschwinden damit auch Stück für Stück Aspekte seiner Persönlichkeit. Angehörige sagen dann oft: „Er ist nicht mehr der, der er einmal war." So drastisch solche Fälle sind, sie verdeutlichen ein Prinzip, das für uns alle gilt: Unsere Identität gleicht einem

Geschichtsbuch, das wir ständig weiterschreiben –
und auch immer wieder ein bisschen umschreiben.
Ohne die Kapitel, die bereits darin stehen, wüssten
wir kaum, wer wir heute sind. Gleichzeitig sind
diese Kapitel keine objektive Chronik, sondern ein
subjektives, lebendiges Werk, das sich im
Nachhinein verändern kann.

Erinnerungen allein erklären natürlich noch nicht
unser gesamtes Ich-Gefühl. Ebenso bedeutend ist
das unmittelbare Erleben unseres Körpers im Hier
und Jetzt.

Körpergefühl: **Der Leib als Anker des Ich**

Das Gefühl, einen Körper zu haben und in ihm zu
sein, bildet einen weiteren Grundpfeiler der
Identität. Vom Moment unserer Geburt – ja schon
im Mutterleib – erfahren wir Reize und
Empfindungen, die uns allmählich ein Gefühl für
den eigenen Körper vermitteln.

Dieses Körpergefühl sorgt dafür, dass wir uns von
unserer Umwelt abgegrenzt wahrnehmen:

Hier endet mein Körper, dort beginnt die
Außenwelt.

Wenn wir die Augen schließen, wissen wir dennoch, wo unsere Hand gerade liegt oder dass wir stehen oder sitzen. Diese Fähigkeit, die eigene Körperhaltung und -bewegung wahrzunehmen (Propriozeption), trägt entscheidend zu unserem ständigen Ich-Empfinden bei.

Interessanterweise ist dieses scheinbar so selbstverständliche Gefühl ebenfalls eine Konstruktion unseres Gehirns – und es lässt sich täuschen. Ein berühmtes Experiment dazu ist die sogenannte Gummihand-Illusion. Dabei versteckt man eine echte Hand der Versuchsperson und platziert stattdessen eine realistisch aussehende Gummihand sichtbar vor ihr. Wenn nun gleichzeitig die echte, verborgene Hand und die künstliche Hand an den gleichen Stellen berührt werden, geschieht etwas Erstaunliches: Die Person hat das eindrückliche Gefühl, die Gummihand gehöre zum eigenen Körper. Sticht man plötzlich mit einem Gegenstand in die Gummihand, reagieren viele erschrocken, als würden sie selbst verletzt!

Dieses Experiment zeigt, wie unser Gehirn aus Sinneseindrücken ein Körperschema bastelt – und wie flexibel dieses Schema eigentlich ist. Unser Ich-Gefühl kann sich auf einen künstlichen

Körperteil ausdehnen, wenn die Umstände es überzeugend erscheinen lassen.

Ebenso bemerkenswert sind sogenannte Phantomempfindungen. Menschen, die zum Beispiel einen Arm oder ein Bein verloren haben, spüren oft weiterhin die Präsenz dieses Gliedmaßes – manchmal sogar Schmerzen darin, den sogenannten Phantomschmerz. So hält das Gehirn ein inneres Modell des Körpers aufrecht, das sich nicht sofort an die neue physische Realität anpasst. Auch das zeigt, wie sehr unser Ich-Gefühl an einem mentalen Bild des Körpers hängt, und wie real dieses innere Körperbild sein kann.

Auch im Alltag können wir beobachten, wie eng Körper und Identität verwoben sind. Schon kleine Veränderungen im Körperzustand beeinflussen unser Selbstempfinden: Eine Erkrankung, Übermüdung oder ein Rauschzustand können dazu führen, dass wir uns „nicht wir selbst" fühlen. Umgekehrt kann körperliches Wohlbefinden ein stabiles, positives Ich-Gefühl stärken.

Viele Menschen definieren sich auch stark über ihr körperliches Erscheinungsbild – man denke an das Selbstbild eines Sportlers, dessen definierter Körper Teil seines Identitätsgefühls ist, oder an jemanden, der sich über seinen Kleidungsstil und äußeren Ausdruck verortet. Unsere Haltung, Mimik und Gestik fließen ebenso ins Selbstkonzept ein: Wir sind in gewisser Weise, wie wir unseren Leib tragen.

Soziale Rollen: **Wir in den Augen der Anderen**

Kein Mensch ist eine Insel – unser Selbst entsteht immer auch in Beziehung zu unseren Mitmenschen. Von klein auf lernen wir uns selbst über soziale Rückmeldungen kennen: Eltern und Bezugspersonen spiegeln uns, wer wir sind („Du bist aber ein freundliches Kind" oder „Sei nicht so wild!"), und wir übernehmen viele dieser Zuschreibungen in unser Selbstbild. Nach und nach entwickeln wir ein Gefühl dafür, welche Rolle wir in verschiedenen Kontexten spielen: in der Familie, unter Freunden, in der Schule, im Beruf. Jede dieser sozialen Rollen bringt eigene Erwartungen und Verhaltensweisen mit sich – und oft unterschiedliche Facetten unserer Persönlichkeit.

Man kann sagen, wir besitzen so viele soziale Selbste, wie es Menschen oder Gruppen gibt, die uns wichtig sind. Ein und dieselbe Person kann etwa zu Hause ein liebevoller Elternteil, im Beruf eine durchsetzungsfähige Führungskraft und unter alten Freunden der Klassenclown sein. In jeder dieser Rollen treten andere Aspekte des Ich hervor, während andere in den Hintergrund treten. Das bedeutet nicht, dass wir völlig unterschiedliche Menschen wären – doch unser Auftreten, unsere Sprache, ja selbst unser Gefühl von „Wer bin ich?" passen sich der sozialen Umgebung an. Der Psychologe William James bemerkte schon im 19. Jahrhundert, dass wir so viele verschiedene soziale Identitäten haben, wie es Menschen gibt, die ein Bild von uns haben. Was andere in uns sehen, beeinflusst also maßgeblich, wie wir uns selbst sehen.

Manchmal stehen unsere Rollen in Konflikt. Vielleicht fühlen wir uns innerlich ganz anders, als es die äußere Rolle verlangt – etwa wenn jemand in seinem Beruf streng und autoritär auftreten muss, sich privat aber als sensibel und sanft erlebt. Solche Diskrepanzen können das Selbstgefühl belasten: Man fragt sich, welches „Ich" denn nun das echte sei. In Wirklichkeit sind beide echt – sie zeigen nur verschiedene Ausschnitte unserer Möglichkeiten. Probleme entstehen meist erst, wenn wir eine Rolle zu sehr mit unserem gesamten Selbst gleichsetzen. Ein Beispiel: Wer sich über Jahrzehnte vor allem als erfolgreicher Manager definiert hat, kann in eine tiefe Krise stürzen, wenn diese Berufsrolle wegfällt (etwa durch Ruhestand oder Jobverlust). Plötzlich fehlt der Spiegel, in dem man sich selbst gesehen hat, und man fühlt sich seiner Identität beraubt.

Soziologen haben hervorgehoben, dass das soziale Leben einem Theater gleicht. Der kanadische Soziologe Erving Goffman etwa beschrieb das Miteinander als Bühne, auf der wir vorne im Rampenlicht eine Rolle spielen, während wir hinter den Kulissen die Maske abnehmen . Jede Situation bringt demnach eine Art „Fassade" mit sich – ein standardisiertes Erscheinungsbild –, und wir zeigen dem „Publikum" vor allem das, was einen gewünschten Eindruck hinterlässt, während wir andere Aspekte verbergen. Das klingt vielleicht nach bewusster Täuschung, passiert aber meist ganz automatisch. Wir alle passen uns ständig an die sozialen Erwartungen an. Problematisch wird es erst, wenn wir gar keine Gelegenheit mehr finden, die Bühne zu verlassen. Wenn man immer und überall nur in seinen Rollen funktionieren muss, stellt sich das Gefühl ein, nicht mehr „man selbst" sein zu können.

Soziale Identität wird auch durch Gruppenzugehörigkeiten geprägt – etwa durch Nationalität, Religion, Vereinszugehörigkeit oder politische Überzeugungen. Das „Wir-Gefühl" innerhalb solcher Gruppen kann ein starker Teil des eigenen Ichs werden. Man ist dann nicht nur „ich", sondern auch Teil eines größeren „Wir" (zum Beispiel „Wir Deutschen", „Wir Christen", „Wir Fans von Verein X"). Solche kollektiven Identitäten geben Halt und Gemeinschaft, können aber auch dazu führen, dass man andere Aspekte der eigenen Individualität vernachlässigt.

In Summe zeigt sich: Ein großer Teil dessen, was wir für unser Selbst halten, entsteht im Austausch mit anderen. Wir blicken in die Augen der Mitmenschen wie in Spiegel und formen auf Basis der Rückmeldungen unser Selbstbild. Diese soziale Prägung ist weder gut noch schlecht – sie gehört einfach zu uns als zutiefst sozialen Wesen. Wichtig ist jedoch, sich bewusst zu machen, dass das Bild, das andere von uns haben (und das wir oft verinnerlichen), immer nur ein Teilaspekt ist. Kein Außenstehender kann je die Gesamtheit unseres Wesens erfassen – und doch beeinflusst jede Begegnung, wie wir uns selbst sehen.

Neben Erinnerung, Körper und sozialem Spiegel gibt es noch ein weiteres, subtileres Medium, das Identität schafft: die Sprache.

Sprache: **Worte, die das Ich formen**

Wir denken selten darüber nach, aber auch die Sprache spielt eine entscheidende Rolle für unser Identitätsgefühl. Mit Worten geben wir unserer Erfahrung einen Rahmen und einen Sinn – und besonders mit dem Wort „Ich" verknüpfen wir all die Eindrücke, die wir als zu uns gehörig empfinden. Schon das kleine Kind lernt irgendwann, „ich" zu sagen, und ab diesem Moment beginnt es, seine Erlebnisse in Worte zu fassen: Ich habe Hunger, Ich mag das nicht, Ich bin Anna. Sprache ermöglicht es uns, über uns selbst nachzudenken und uns anderen mitzuteilen. Dabei formen die Wörter, die wir verwenden, auch das Bild, das wir uns von uns machen.

Ein großer Teil unseres inneren Dialogs – der ständigen Stimme im Kopf – läuft in Sprache ab. Wir beschreiben uns selbst, bewerten unser

Verhalten, erzählen uns unsere eigene Geschichte immer wieder neu in Worten. Dieses laufende Selbstgespräch kann ermutigend oder kritisch sein und beeinflusst unser Selbstwertgefühl. Interessant ist, dass die gewählte Sprache dabei durchaus einen Unterschied macht. Menschen, die mehrsprachig sind, berichten oft, dass sie je nach Sprache leicht verschiedene Persönlichkeitsfacetten zeigen.

Studien legen nahe, dass wir je nachdem, welche Sprache wir sprechen, unterschiedliche Charakterzüge zum Vorschein bringen. Das hängt damit zusammen, dass jede Sprache in eine kulturelle Umgebung eingebettet ist und bestimmte Ausdrucksweisen und Werte betont. Wer beispielsweise bilingual in unterschiedlichen Kulturen lebt, mag feststellen, dass er sich auf Deutsch etwas anders ausdrückt und fühlt als auf Englisch oder Spanisch. Es ist fast, als ob wir in jeder Sprache eine etwas andere Variante unseres Selbst zum Leben erwecken.

Doch nicht nur verschiedene Sprachen, auch die Art der Worte, die wir wählen, formt unser Ich. Beschreibe ich mich selbst ständig als „chaotisch" oder „Pechvogel", so werde ich mich immer mehr mit diesen Eigenschaften identifizieren. Worte haben Macht: Sie können Identitäten zementieren oder öffnen. Achten wir einmal darauf, wie wir über uns sprechen – im Stillen und mit anderen.

Sagen wir „Ich bin halt so-und-so", als wäre es in Stein gemeißelt?

Oder sagen wir „Ich habe oft die Neigung zu…" und lassen Raum für Veränderung?

Sprache kann festschreiben, aber ebenso kann sie neu beschreiben. Eine einzige frische Beschreibung kann manchmal das ganze Selbstbild verschieben – etwa wenn jemand vom Umfeld plötzlich nicht mehr als *schüchtern*, sondern als *nachdenklich und ruhig* wahrgenommen wird, und diese neue Wortwahl eine positivere Identifikation ermöglicht.

Schließlich erlaubt uns Sprache auch, über abstrakte Konzepte wie eben das Selbst zu philosophieren – so wie wir es in diesem Kapitel tun. Ohne Worte könnten wir viele unserer Erlebnisse gar nicht einordnen. Allerdings hat Sprache auch ihre Grenzen: Nicht alles, was das Selbst ausmacht, lässt sich in Worte fassen.

Manches entzieht sich sprachlicher Beschreibung und will eher gefühlt oder erlebt werden.

Dennoch: Die Sprache schafft ein Gerüst, ein Narrativ, auf dem unser Identitätsgefühl ruht. Sie liefert die Kategorien („ich", „du", Eigenschaften, Rollen) und ermöglicht uns, unser Wesen in eine erzählbare Form zu bringen.

Nach diesem Ausflug in die Bausteine der Identität – Erinnerung, Körper, soziales Miteinander und Sprache – wollen wir nun betrachten, wie das Ich im gewöhnlichen Alltag auftritt und wo es möglicherweise blinde Flecken in unserer Selbstwahrnehmung gibt.

Das Ich im Alltag: **Selbstwahrnehmung und ihre Grenzen**

Im täglichen Leben denken die wenigsten von uns ständig über ihr Ich nach. Wir sind einfach – stehen morgens auf und führen gewohnte Routinen aus, gehen unseren Tätigkeiten nach, begegnen anderen Menschen. Dabei fühlen wir uns als durchgängige Person mit bestimmten Vorlieben, Abneigungen und Eigenschaften. Dieses Alltags-Ich ist uns so vertraut, dass wir es kaum hinterfragen. Gerade weil es so selbstverständlich scheint, übersehen wir leicht seine Begrenztheit.

Unsere Selbstwahrnehmung im Alltag ist nämlich selektiv und mit einigen blinden Flecken behaftet. Wir haben ein gewisses Bild von uns selbst – wer wir glauben zu sein –, doch dieses Bild ist nie das ganze Panorama. Ein Teil davon stammt aus unseren Erinnerungen und bisherigen Rollen, wie wir gesehen haben. Ein anderer Teil speist sich aus unserem aktuellen Zustand – bin ich gerade gut gelaunt oder gestresst, gesund oder krank? –, was stark beeinflusst, wie ich mich selbst sehe. Viele dieser Einflussfaktoren entgehen unserer bewussten Aufmerksamkeit. So merken wir oft gar nicht, wie anders wir uns beispielsweise an einem sonnigen Urlaubstag fühlen und verhalten im Vergleich zu einem stressigen Arbeitstag im Winter. Dennoch sprechen wir in beiden Situationen vom selben „Ich", als wäre es ein einheitliches Wesen, das da handelt.

Tatsächlich neigen wir dazu, Widersprüche und Veränderungen in unserer Persönlichkeit auszublenden oder zu verharmlosen, um ein konsistentes Selbstbild aufrechtzuerhalten. Wir erzählen uns selbst die Geschichte, wir seien „halt so". Doch wie wir sind, hängt sehr vom Kontext und von der Zeit ab. Psychologische Studien haben gezeigt, dass Menschen aller Altersgruppen die eigene Veränderlichkeit unterschätzen. Wir erkennen zwar im Rückblick oft, wie sehr wir uns in den letzten zehn Jahren gewandelt haben, glauben aber fälschlich, ab jetzt würden wir weitgehend dieselben bleiben. Diese sogenannte „End-of-History-Illusion" führt dazu, dass wir die aktuelle Version unseres Ichs für die endgültige halten. Wir sagen uns vielleicht: „Jetzt weiß ich endlich, wer ich bin", nur um zehn Jahre später erneut überrascht festzustellen, wie sehr wir uns weiterentwickelt haben. Der Alltag verleiht dem Ich eine trügerische Stabilität.

Wer einmal in alten Tagebüchern oder Fotoalben geblättert hat, kennt dieses Gefühl. Man begegnet gewissermaßen seinem früheren Ich und wundert sich, wie vertraut und zugleich fremd einem diese Person vorkommt. Wie konnte ich damals nur so denken oder handeln, fragt man sich vielleicht – und staunt darüber, wie sehr man sich verändert hat, ohne es im Laufe der Jahre bewusst zu bemerken.

Ein weiterer blinder Fleck: Wir kennen uns selbst nur aus der Innenperspektive, während andere Menschen uns von außen wahrnehmen. So entstehen Diskrepanzen zwischen Selbstbild und Fremdbild. Was wir für offensichtliche Eigenschaften von uns halten, mag anderen kaum auffallen – und umgekehrt erkennen Freunde oder Kollegen an uns Seiten, die uns selbst gar nicht bewusst sind. Ein klassisches Beispiel: Jemand hält sich für sehr zurückhaltend, während seine Freunde ihn als gesellig und aufgeschlossen erleben. Wer hat recht? In gewissem Sinne beide, aus jeweils anderer Perspektive. **Unser eigenes Empfinden ist eben nur ein Ausschnitt der Wirklichkeit.**

Erst in Ausnahmesituationen merken wir, wie relativ dieses Alltags-Ich ist. Wenn große Veränderungen eintreten – etwa ein Umzug in ein fremdes Land, eine neue Liebe, ein Schicksalsschlag –, geraten die gewohnten Parameter ins Wanken. Plötzlich verhalten wir uns anders, spüren unbekannte Seiten an uns oder stellen fest, dass alte Gewissheiten nicht mehr tragen. Eine solche Identitätskrise kann verstörend sein, weil sie unser Bild von uns selbst erschüttert. Zugleich eröffnet sie die Chance zu erkennen, dass das Selbstbild, das wir im Alltag hatten, nie das volle Bild war.

Die Begrenztheit der Ich-Wahrnehmung im Alltag zu erkennen, kann wie ein Erwachen wirken. Es heißt nicht, dass wir uns ständig falsch einschätzen – doch es erinnert uns daran, dass unser Gefühl von „so bin ich eben" nicht die ganze Wahrheit ist. Es ist beruhigend konsistent, ja, aber auch ein wenig vereinfachend. Dieses alltägliche Ich ist wie eine bequeme Maske, die wir tragen, um durchs Leben zu navigieren. Unter der Maske aber verbirgt sich ein wesentlich dynamischeres Selbst, das wir nun näher betrachten wollen.

Das Ich als Prozess, nicht als statischer Kern

Alle bisherigen Überlegungen deuten in eine Richtung: Was wir Ich nennen, ist kein fester Gegenstand, sondern ein fortwährender Prozess. Stellen wir uns noch einmal den Fluss vor, den wir bereits als Bild bemüht haben. Das Wasser strömt unablässig, aber der Fluss behält eine gewisse Form und einen Namen. So ähnlich verhält es sich mit uns. Unser Körper tauscht ständig Zellen aus, unser Gehirn bildet neue Verknüpfungen und löscht alte, unsere Persönlichkeit entfaltet sich mit jedem neuen Erlebnis – und dennoch spüren wir eine Art Kontinuität. Der Schlüssel hierzu liegt darin, das Ich als eine ständig aktualisierte Konstruktion zu verstehen.

In der Psychologie spricht man mitunter vom narrativen Selbst: der Fähigkeit, uns selbst als die Hauptfigur einer Geschichte zu begreifen. Diese Geschichte wird fortlaufend erzählt – von uns selbst, aber auch von anderen – und sie wandelt sich mit der Zeit. Das narrative Selbst ist kein Betrug, sondern eine kreative Leistung. Es verbindet unsere zahllosen Einzelerlebnisse zu einem einigermaßen zusammenhängenden Ganzen. Ohne dieses ordnende Prinzip wären wir in jeder neuen Situation völlig orientierungslos, weil nichts mit uns zu tun zu haben schiene. Doch die Kehrseite ist, dass wir geneigt sind, diese Geschichte für die vollständige Wahrheit zu halten. Wir klammern uns an die Idee, „so bin ich", weil diese Identitätserzählung uns Halt gibt.

Nun sagen Philosophen wie Hume oder buddhistische Denker nicht, dass wir gar nicht existieren – das wäre ein Missverständnis. Sie sagen vielmehr, dass unser gewohnheitsmäßiges Konzept vom Ich als etwas Festem in die Irre führt. Was tatsächlich existiert, sind die vielen wechselnden Prozesse: Gedanken, Gefühle, Empfindungen, Handlungen. Das Muster dieser

Prozesse, das sich im Laufe der Zeit herausbildet, nennen wir dann Ich. Aber es ist eben ein Muster, kein unveränderlicher Kern. Das kann man zunächst erschreckend oder befreiend finden. Erschreckend, weil uns der solide Boden unter den Füßen entzogen scheint – wer bin ich dann wirklich, wenn nicht diese Geschichte? Befreiend, weil es Raum schafft: Raum für Veränderung, für Wachstum, dafür, sich selbst immer wieder neu zu entdecken.

Auch die Neurowissenschaft unterstützt diese Perspektive. Es ist bisher kein einzelnes „Ich-Zentrum" im Gehirn gefunden worden; vielmehr entsteht das Selbstgefühl offenbar aus dem Zusammenspiel verschiedener Hirnareale und Vorgänge. Manche zeitgenössische Denker schlagen daher vor, das Selbst als eine Art klugen Kompromiss der Natur zu verstehen: eine nützliche Illusion, die dem Organismus Mensch hilft, sich in der Welt zurechtzufinden. Der Philosoph Thomas Metzinger etwa beschreibt das bewusste Ich als ein „transparentes Selbstmodell" – eine vom Gehirn erzeugte Simulation, die uns ein einheitliches Selbst vorgaukelt. Dieses Modell ist überaus hilfreich für unser Funktionieren, doch ein eigenständiges Selbst, das getrennt von den

Prozessen existiert, gibt es nach Metzinger nicht. Anders gesagt: Das Gefühl eines einheitlichen „Ich" ist eine Darstellung, keine Substanz.

Spannend wird es, wenn man versucht, diese Einsichten praktisch zu erkunden. Meditation zum Beispiel ist ein Weg, die Prozesshaftigkeit des Selbst am eigenen Leibe zu erfahren. In tiefen meditativen Zuständen kann das Gefühl entstehen, dass Gedanken und Empfindungen einfach kommen und gehen, ohne dass ein fester „Denker" oder „Fühler" dahinter sitzt. Das Bewusstsein bleibt wach, aber das gewohnte Ich-Gefühl tritt in den Hintergrund. Solche Erfahrungen deuten darauf hin, dass das Bewusstsein nicht notwendigerweise an ein eng umgrenztes Ego gebunden ist. Man kann sich selbst auch erleben als offenes Feld von Wahrnehmungen, in dem kein starr getrenntes Zentrum die Regie führt.

Das heißt nicht, dass wir im Alltag fortan ohne Ich-Gefühl herumlaufen sollen – das wäre weder möglich noch sinnvoll. Aber es relativiert die absolute Gültigkeit dieses Ich-Gefühls. Es zeigt uns, dass wir in gewisser Weise größer und zugleich „leerer" sind, als die gewohnte Selbstdefinition annimmt. Größer, weil wir mehr

Potenziale, mehr Facetten haben, als in unser aktuelles Selbstbild passen. „Leerer", weil keine feste Substanz da ist, auf die sich alles festnageln ließe. Was bleibt, ist ein Prozess des Werdens und Wandels, Moment für Moment.

Diese Sicht auf das Ich als Prozess bereitet den Boden für eine offenere Selbstwahrnehmung. Doch wie könnte die konkret aussehen?

Der Weg zu einer offeneren Selbstwahrnehmung jenseits starrer Vorstellungen

Was bedeutet all das nun für unseren Umgang mit uns selbst?

Wenn das Ich kein festgefügter Kern ist, sondern etwas Fließendes, wie können wir dann im Alltag damit leben – und vielleicht sogar davon profitieren? Zunächst einmal kann die Erkenntnis, dass wir nicht in Stein gemeißelt sind, sehr entlastend sein. Wir dürfen uns wandeln. Wir dürfen heute anders sein als gestern, ohne dass es „falsch" wäre. Viele Menschen spüren instinktiv einen Druck, immer kohärent zu sein, immer dem Bild entsprechen zu müssen, das man von sich hat oder das andere von einem haben. Dieses starre

Festhalten kann aber eng und belastend werden. Eine offenere Selbstwahrnehmung bedeutet, sich selbst mit mehr Weite und Nachsicht zu betrachten.

Ein erster Schritt dahin ist, die eigenen inneren Erzählungen zu hinterfragen. Wann immer wir uns bei einem Gedanken ertappen wie „Ich bin halt so und so", können wir innehalten und prüfen: Stimmt das immer? Oder gibt es Situationen, in denen ich ganz anders bin? Nehmen wir an, jemand denkt von sich: „Ich bin ein ängstlicher Mensch." Das mag in bestimmten Lebenslagen zutreffen. Doch gewiss gibt es auch Momente, in denen dieselbe Person mutig handelt – vielleicht wenn es um geliebte Menschen geht oder in Bereichen, wo sie Expertise hat. Eine offenere Sicht würde anerkennen: Ich habe ängstliche und mutige Seiten. Ich bin nicht nur das eine oder das andere. Indem wir uns erlauben, widersprüchliche Eigenschaften nebeneinander zu haben, erweitern wir das Spektrum unseres Selbstbildes.

Eine weitere Hilfe auf dem Weg zu mehr innerer Weite ist, die Perspektive der Veränderlichkeit anzunehmen. Anstatt zu sagen „So bin ich eben", könnten wir sagen „So bin ich bisher gewesen".

Das lässt offen, dass die Zukunft Neues bringen darf. Psychologisch kann das einen großen Unterschied machen: Es enthaftet uns ein Stück weit von alten Mustern. Wenn ich weiß, dass mein jetziges Ich nur ein Zwischenstand ist, bin ich eher bereit, neue Erfahrungen zu machen, ohne Angst, gleich meine Identität zu verlieren. Ein Beispiel: Jemand, der sich sein Leben lang vor allem als „Karrieremensch" gesehen hat, entdeckt vielleicht im Ruhestand kreative Hobbys oder spirituelles Interesse, was früher nicht zum Selbstbild passte. Wenn er sich die Freiheit gibt, ein Anfänger zu sein und Seiten an sich zu entdecken, die bislang verborgen waren, kann das sehr bereichernd sein.

Auch der Blick auf andere Menschen verändert sich, wenn wir unser eigenes Selbstbild öffnen. Wir begreifen, dass auch die anderen nicht einfach „so und so sind", sondern vielschichtige, wandelbare Wesen. Das fördert Toleranz und Mitgefühl – man erlaubt sowohl sich selbst als auch den Mitmenschen, sich zu ändern und unterschiedliche Facetten zu zeigen. Statt jemanden vorschnell in eine Schublade zu stecken („die Unzuverlässige", „der Harte"), könnten wir neugierig sein, was diesen Menschen sonst noch ausmacht. Vielleicht entdecken wir

Überraschendes, wenn wir genauer hinsehen und zuhören. Dieselbe Neugier können wir auch auf uns selbst anwenden.

Zum Schluss kehren wir zur Ausgangsfrage zurück:

Wer bin ich?

Vielleicht können wir antworten: Ich bin ein Mensch in Bewegung. Ich bin die Summe meiner Erfahrungen bis jetzt – und zugleich offen für das, was ich noch werden kann. Es gibt einen roten Faden, ja, aber er ist nicht straff gespannt, sondern locker geknüpft, bereit, neue Muster aufzunehmen. Diese Erkenntnis lädt dazu ein, sich selbst mit sanfter Neugier zu betrachten. Nicht als festes Objekt, das analysiert werden muss, sondern als lebendige Geschichte, die mit jedem Tag weitererzählt wird. Eine Geschichte voller Kontinuität und Wandel, Brüche und Wiederholungen. Und vielleicht liegt gerade darin, in dieser Paradoxie aus Beständigkeit und Veränderung, das Wunderbare unseres Daseins.

Betrachtet man es genauer, existieren wir auch nicht isoliert: Unser Körper tauscht ständig Materie und Energie mit der Umwelt aus, und unsere Gedanken werden von Mitmenschen und Eindrücken geprägt. Die Grenze zwischen „Ich" und Welt ist fließender, als es scheint. Das Ich ist kein einsamer Zuschauer, sondern Teil eines umfassenderen Geschehens.

In einem Universum, das sich unablässig wandelt, sind auch wir kein statisches Zentrum, sondern Teil des Flusses. Je mehr wir das anerkennen, desto freier können wir atmen. Dann wird die Frage „Wer bin ich?" nicht mehr zu einem Problem, das wir krampfhaft lösen müssen, sondern zu einer Einladung – einer Einladung, uns immer wieder neu kennenzulernen

Zwischenreflexion – Wer bist du, wenn du dir selbst zuhörst?

Du hast das Ich durch viele Linsen betrachtet:

als Geschichte, als Körper, als Spiegel der anderen, als Sprache, als Prozess.

Du hast dich selbst dabei erkannt – und vielleicht auch ein Stück neu gesehen.

Du hast erfahren, dass das Ich kein starres Zentrum ist,

sondern etwas Bewegliches, etwas, das sich bildet, wandelt, erzählt.

Kein fester Kern – aber auch keine Leere.

Eher ein Muster. Ein Fluss. Eine Resonanz, die durch dich geht.

Erinnerungen formen dich – aber du bist nicht nur Erinnerung.

Dein Körper gibt dir Halt – aber du bist mehr als Muskeln und Nerven.

Die Menschen um dich spiegeln dir ein Bild – aber du bist nicht nur das, was sie sehen.

Sprache gibt dir eine Form – aber du bist auch das, was sich nicht sagen lässt.

Vielleicht spürst du jetzt:

Es geht nicht darum, das eine wahre Ich zu finden.

Sondern darum, die Stimmen in dir unterscheiden zu lernen.

Die Geschichten liebevoll zu hinterfragen.

Und Raum zu schaffen – für ein Ich, das sich nicht erklären muss, um echt zu sein.

Was wäre, wenn du aufhörst, dich festzuhalten?

Was wäre, wenn du lernst, dich selbst zu begleiten – wie man einen Fluss begleitet?

Nicht, um ihn zu kontrollieren.

Sondern, um zu sehen, wohin er fließt, wenn du ihm vertraust.

Das nächste Kapitel fragt nicht: Wer bist du allein?

Sondern: **Wer wirst du im Kontakt mit der Welt?**

Denn das Selbst wächst nicht in Isolation – es entsteht im Echo.

In der Beziehung. In der Resonanz.

Kapitel 5: Beziehung und Resonanz – Wie du in der Welt eingebettet bist

Der Mensch ist kein isoliertes Wesen. Von unserem ersten Atemzug an sind wir in Beziehung – mit anderen Menschen, mit unserer Umgebung, mit dem gesamten Kosmos. Kein Gedanke formt sich in uns, ohne dass Sprache, Kultur oder Eindrücke von außen daran mitgewirkt haben. Kein Herzschlag pulsiert losgelöst: Schon biologisch sind wir eingebunden in einen Rhythmus des Lebens, der uns mit allem um uns herum verbindet. Selbst wenn wir allein in einem stillen Raum sitzen, atmen wir die Luft, die Pflanzen uns schenken, und stehen in einem unsichtbaren Austausch mit der Welt. Schon Albert Einstein bemerkte treffend, unsere scheinbare Getrenntheit voneinander sei nichts als eine optische Täuschung . In Wahrheit sind wir alle Teil eines einzigen Gewebes.

Und doch fühlen wir uns manchmal getrennt. Die moderne Welt betont das eigenständige Individuum – jeder von uns als ein unabhängiges "Ich". Dabei gerät leicht in Vergessenheit, wie sehr dieses Ich erst durch Beziehungen entsteht.

Dieses Kapitel lädt dich ein, ruhig und nachdenklich zu erkunden, wie du vom Ich zum Du zur Welt in ein Netz des Seins eingebettet bist. Wir betrachten, wie zwischenmenschliche Beziehungen zum Spiegel deines Selbst werden, wie du in der Natur und im größeren Ganzen Heimat finden kannst, und welche Rolle Resonanz – jenes Schwingen und Antworten zwischen dir und der Welt – dabei spielt.

Es geht um Empfänglichkeit und feine Wahrnehmung, um die Entstehung deiner Identität durch Begegnung. So kannst du entdecken, wie du dich in der Welt nicht verloren, sondern zutiefst verbunden fühlen kannst.

Zwischenmenschliche Beziehungen als Spiegel und Resonanzraum des Selbst

Wann immer du einem anderen Menschen begegnest, begegnest du auch dir selbst. Unsere Mitmenschen sind wie Spiegel, die uns oft unbewusst etwas von uns zurückwerfen. Ein freundliches Lächeln, das dir geschenkt wird, weckt Wärme und Offenheit in dir; ein kritischer Blick kann dich in Unsicherheit stürzen oder alten

Schmerz berühren. In der Resonanz zwischen Ich und Du zeigen sich innere Aspekte: Wir erkennen uns selbst im Echo, das uns die anderen geben.

Vielleicht hast du schon bemerkt: Was uns an anderen beeindruckt oder irritiert, sagt oft mehr über uns selbst aus als über die andere Person. Der Psychologe C. G. Jung drückte es prägnant so aus: „Alles, was uns an anderen irritiert, kann uns zu einem tieferen Verständnis unserer selbst führen." . Mit anderen Worten: Unsere Reaktionen auf das Verhalten oder die Worte eines Gegenübers entstammen unseren eigenen inneren Mustern. Wenn dich etwa die Ungeduld eines Kollegen zur Weißglut bringt, offenbart das etwas über deine eigenen wunden Punkte – vielleicht Ungeduld mit dir selbst oder die Sehnsucht nach Anerkennung. Begegnet dir hingegen jemand mit einer Qualität, die dich fasziniert und anzieht, so spiegelt auch das einen Teil in dir, der sich entfalten will.

Zwischen Menschen entsteht eine Art innerer Klangraum: Eine liebevolle Geste oder ein offenes Ohr kann Saiten in uns zum Klingen bringen, die sonst stumm geblieben wären. In einem tiefen Gespräch mit einem guten Freund bemerkst du vielleicht, wie Gedanken und Gefühle auftauchen, die dir alleine nie bewusst geworden wären. Geteilte Freude strahlt heller – ein Lächeln, das erwidert wird, zaubert beiden Gesichtern ein Leuchten. Und geteiltes Leid wiegt leichter – in Gegenwart eines mitfühlenden Menschen fühlen sich selbst schwere Sorgen etwas weniger drückend an. Solche Momente zeigen, wie sehr wir einander Resonanz und Halt geben können. Im vertrauensvollen Miteinander findet das Selbst einen Raum, sich auszudrücken und gleichzeitig Echtes vom Gegenüber aufzunehmen. In der Liebe – sei es die romantische Liebe oder die tiefe Freundschaft – erleben wir vielleicht die intensivste Form dieser Resonanz. Ein liebender Mensch dient uns als Spiegel, der uns auch in unseren Schwächen annimmt und unser Schönstes hervorlockt. In seinem Blick fühlt sich unser Dasein zutiefst bejaht.

Halte einen Moment inne und erinnere dich: Gab es eine Situation, in der du dich von einem anderen Menschen vollkommen verstanden und angenommen gefühlt hast? Vielleicht ein Augenblick, in dem dir jemand in die Augen blickte und du das Gefühl hattest, ohne ein Wort erkannt zu werden. Oder ein Gespräch bis tief in die Nacht, in dem dein Gegenüber jede Nuance deiner Gefühle nachempfand. Solche Erlebnisse bleiben lebendig in uns. Sie wärmen uns noch Jahre später, weil in ihnen die Essenz von Beziehung spürbar wird – das Gefühl von Verbundenheit und echtem Gesehenwerden.

Schmerzlich wird uns die Bedeutung dieser Spiegelung bewusst, wenn Resonanz fehlt. Sicher hast du es schon erlebt: Du sprichst von etwas, das dich bewegt, doch dein Gegenüber hört nicht wirklich zu – deine Worte verhallen, finden kein Echo. In solchen Momenten fühlt man sich unsichtbar und allein. Die Beziehung bleibt oberflächlich, wie ein Gespräch in einem leeren Raum ohne Widerhall. Im Grunde sehnen wir uns in jeder Begegnung danach, wirklich wahrgenommen und verstanden zu werden.

Der Soziologe Hartmut Rosa bezeichnet dieses tiefe Bedürfnis als **Grundsehnsucht** nach einer Welt, die einem antwortet . Und diese Welt beginnt beim Du, das uns gegenübersitzt. Wenn uns ein anderer Mensch aufrichtig antwortet – mit Mitgefühl, mit einem ehrlichen Wort, mit Präsenz – entsteht das Gefühl: Ich bin angekommen, ich bin gemeint. Dann erfahren wir Beziehung als Resonanzraum, in dem unser Selbst schwingen darf.

Dabei dürfen wir eines nicht vergessen: Unser Gegenüber ist nicht bloß ein Spiegelbild, sondern ein eigener Kosmos an Erfahrungen und Gefühlen.

Wenn wir nur unsere Projektionen auf andere werfen, begegnen wir letztlich uns selbst – und übersehen den anderen in seiner Einzigartigkeit.

Wahre Zwischenmenschlichkeit beginnt, wo wir den anderen wirklich als Anderen anerkennen. Paradox erscheint: Gerade indem wir akzeptieren, dass mein Gegenüber ein eigenständiges Wesen ist, kann echte Resonanz entstehen. Dann hören wir wirklich zu, anstatt nur das Echo der eigenen Stimme zu suchen. Wir treten aus uns heraus, um dem Du zu begegnen – und finden doch darin wieder uns selbst, bereichert um die Wirklichkeit des Anderen.

Der Dialogphilosoph Buber unterschied das Ich-Du-Verhältnis – die Beziehung zweier Subjekte auf Augenhöhe – vom Ich-Es-Verhältnis, in dem wir dem anderen nur als Objekt oder Mittel begegnen.

Wirkliche Resonanz kann nur im Ich-Du-Modus entstehen, wenn wir das Gegenüber

**in seiner ganzen Lebendigkeit
wahrnehmen und uns selbst unverstellt
zeigen.**

Stell dir vor, du stehst nachts unter einem klaren
Sternenhimmel. Über dir funkeln unzählige
Sterne, fern und doch seltsam vertraut. In diesem
Moment spürst du vielleicht gleichzeitig deine
eigene Winzigkeit und deine Verbundenheit mit
etwas unendlich Großem.

Die Grenzen deines Ichs scheinen zu
verschwimmen, während du in die Tiefe des
Kosmos blickst. Ein leiser Gedanke steigt auf: Ich
gehöre dazu. Unter diesem Himmel haben schon
vor dir unzählige Generationen von Menschen
gestanden und gestaunt. In diesem Moment stehst
du mit ihnen allen im selben Lichtermeer – eine
unsichtbare Gemeinschaft über die Grenzen von
Zeit und Raum hinweg.

Ähnlich kann es gehen, wenn du in einem stillen
Wald spazierengehst. Das Knirschen der Blätter
unter deinen Füßen, das Spiel von Licht und
Schatten, das ferne Rufen eines Vogels – all das
webt dich in ein größeres Ganzes ein.

Deine Atemzüge passen sich vielleicht unwillkürlich dem langsamen Rhythmus der Natur an. Sorgen, die eben noch in deinem Kopf gekreist sind, treten zurück. Du fühlst dich eingebettet in die lebendige Stille um dich herum, fast als würde der Wald dich willkommen heißen.

Interessanterweise spiegeln wir uns auch in der Natur. An einem düsteren Regentag, wenn unsere Stimmung gedrückt ist, erscheint uns der Himmel wie ein stiller Mitwisser unseres Kummers. Und an einem strahlenden Frühlingstag, an dem unser Herz vor Freude hüpft, scheint die ganze Welt mitzulächeln – die Vögel singen lebhafter, die Farben leuchten intensiver.

Natürlich sind es unsere eigenen Empfindungen, die wir hineinlegen, doch genau darin zeigt sich die Resonanz: Wir finden im Außen etwas, das unser Inneres widerspiegelt. Die Natur wird so zum Resonanzraum für unsere Seele.

Im Alltag der modernen Welt geht dieses Gefühl der Verbundenheit mit der Natur leicht verloren. Wir leben in Häusern, bewegen uns in Städten aus Beton, umgeben von Technik – da kann man vergessen, dass wir selbst Natur sind.

Doch unser Körper erinnert sich: Jeder Atemzug, den wir tun, hängt vom Sauerstoff der Pflanzen ab; das Wasser, das durch unsere Adern fließt, war einst Teil eines Flusses oder einer Wolke. Die Elemente, aus denen unser Körper besteht, stammen aus der Erde – und letztlich aus den Sternen.

Wissenschaftler haben herausgefunden, dass die Atome in unserem Körper aus früheren Sternenexplosionen hervorgegangen sind. Wir bestehen im wahrsten Sinne des Wortes aus Sternenstaub . Was bedeutet das? Dass du nicht nur in der Welt bist, sondern die Welt auch in dir.

Dieser Gedanke – dass das Universum sich in uns spiegelt – wurde treffend vom Astrophysiker Carl Sagan ausgedrückt: „Wir sind ein Weg für den Kosmos, sich selbst zu erkennen" . Das heißt, durch unser Bewusstsein blickt gewissermaßen das Universum auf sich selbst. Die Grenze zwischen Mensch und Natur, zwischen Individuum und Gesamtheit, ist fließender, als unser Alltagsverstand glaubt. Wenn wir innerlich still werden, können wir diese Verbundenheit spüren: als Ehrfurcht unter dem Sternenzelt, als tiefes Aufatmen im Wald, als sanftes Einssein beim Anblick eines Ozeans.

In der Begegnung mit der Natur kann etwas aufscheinen, das an eine Zwiesprache erinnert – auch ohne Worte. Wenn du am Ufer eines Sees sitzt und dein Spiegelbild im ruhigen Wasser betrachtest, erscheint es fast, als blicke die Natur zurück. Das Rascheln der Blätter im Wind, das Spiel der Wolken – all das kann sich anfühlen wie Antworten auf eine unausgesprochene Frage.

Menschen haben seit jeher versucht, mit der Natur in Beziehung zu treten: Sie haben zu Flüssen und Bäumen gesprochen, Tiere als Verwandte oder Lehrmeister betrachtet. In vielen indigenen Kulturen gilt der Mensch als Teil der Natur, untrennbar verbunden mit allem Lebendigen.

Ein afrikanisches Sprichwort aus der Ubuntu-Philosophie bringt es so zum Ausdruck: „Ich bin, weil wir sind" – das Wir schließt hier nicht nur andere Menschen, sondern auch die Umwelt mit ein . Diese Haltung sieht die Welt als ein lebendiges Geflecht, in dem jeder Faden – ob Mensch, Tier oder Pflanze – seinen Platz und seine Bedeutung hat.

Diese Verbundenheit mit der Natur und dem Kosmos kann uns eine tiefe Geborgenheit schenken. **Wenn wir uns als Teil des großen**

Netzwerks des Lebens begreifen, fühlen wir uns weniger verloren.

Wir erfahren die Erde als Heimat und den Himmel als weites Zuhause. Im Rauschen des Windes, im Funkeln der Sterne spricht die Welt zu uns – und wir erkennen, dass wir in ihr aufgehoben sind.

Resonanz, Empfänglichkeit und feine Wahrnehmung

Ob in zwischenmenschlicher Nähe oder in der Stille der Natur – stets ist es jene geheimnisvolle Resonanz, die uns tief berührt. Aber was bedeutet Resonanz jenseits der physikalischen Definition von mitschwingenden Saiten?

Hartmut Rosa, der bereits erwähnte Soziologe, beschreibt Resonanz als eine Beziehung zur Welt, in der man einerseits offen ist, sich berühren zu lassen, ... aber andererseits auch seine eigene Stimme entfalten kann . Mit anderen Worten: Resonanz entsteht, wenn wir empfangsbereit sind für das, was auf uns zukommt, und zugleich authentisch darauf antworten.

Es ist ein wechselseitiges Schwingen – ein hin und her fließender Austausch von Impulsen, Gefühlen oder Bedeutungen.

Wie sich Resonanz anfühlen kann? Stell dir vor, du singst in einem Chor. Zunächst hörst du nur deine eigene Stimme. Doch nach und nach fügen sich die Stimmen um dich herum dazu, weben einen mehrstimmigen Klang. Plötzlich spürst du, wie dein Gesang getragen wird – du singst nicht mehr allein, sondern ihr atmet und phrasiert gemeinsam.

Die Melodie erhebt sich und füllt den Raum, und in deinem Inneren vibriert eine tiefe Freude. In solchen Augenblicken löst sich das Gefühl der Trennung auf: Du bist Teil von etwas Größerem, und zugleich klingt dein eigenes Selbst klar und wahrhaftig darin mit. Dieses mitschwingende Getragensein ist das Wesen der Resonanz.

Dazu gehört zunächst die Empfänglichkeit – ein offenes Ohr, ein offenes Herz. Stell dir zwei Instrumente vor: Nur wenn beide gestimmt sind und zuhören, können sie harmonisch zusammenklingen. So ähnlich ist es mit uns Menschen und der Welt. Sind wir innerlich taub oder in Eile, prallen die Eindrücke ab, ohne eine

Resonanz in uns zu erzeugen. Empfänglichkeit bedeutet, die Bereitschaft zu haben, sich anrühren zu lassen.

Das erfordert manchmal Verletzlichkeit: Wir müssen zulassen, dass uns etwas betrifft. Wer sich ständig abschottet, aus Angst verletzt zu werden, baut zwar eine schützende Mauer – aber diese Mauer hält auch die lebendige Antwort der Welt fern.

Erst wenn wir uns trauen, empfänglich zu sein, kann das Leben in uns widerhallen. Menschen, die ein Grundvertrauen in die Welt haben, tun sich leichter, resonante Erfahrungen zu machen. Wer die Welt als etwas Gütiges und Antwortendes wahrnimmt, öffnet sich eher – wer sie dagegen als feindlich und stumm empfindet, wird sich verschließen .

Ebenso wichtig ist die feine Wahrnehmung. Vieles, was Resonanz auslöst, sind leise, subtile Signale. Der Klang einer Stimme zittert vielleicht kaum hörbar vor Emotion – und wenn deine Antennen fein genug eingestellt sind, spürst du das Mitklingen dieser Emotion in dir.

Ein kurzes Aufleuchten in den Augen deines Gegenübers kann dir mehr sagen als lange Erklärungen, wenn du aufmerksam bist. Feine Wahrnehmung bedeutet, zwischen den Zeilen zu lesen, das Ungesagte zu fühlen. Das gilt nicht nur für Menschen: Auch in der Natur offenbaren sich Wunder oft im Kleinen.

Wer mit wachen Sinnen durch die Welt geht, bemerkt das zarte Singen der Grillen im Gras, den Duft, der nach einem Sommerregen aufsteigt, oder die Art, wie das Licht am Abend golden wird. Solche Feinheiten berühren uns, wenn wir sie zulassen – und sie stimmen uns ein auf den Grundton des Lebens.

Interessanterweise ist unser Körper geradezu auf Resonanz programmiert. In unserem Gehirn gibt es sogenannte Spiegelneuronen, die aktiv werden, wenn wir die Handlungen oder Gefühle eines anderen beobachten. Sehen wir jemanden lächeln, feuern in unserem Gehirn Nervenzellen, als würden wir selbst lächeln – und prompt heben sich auch unsere Mundwinkel. Beobachten wir einen traurigen Ausdruck, können wir förmlich den Kloß im eigenen Hals spüren.

Diese neurologische Resonanz macht Empathie überhaupt erst möglich . Sie zeigt: Wir sind als Menschen darauf ausgelegt, miteinander mitfühlend sein und mitschwingen zu können. Unser Körper weiß um die Verbundenheit, noch bevor es uns bewusst wird.

Wichtig ist: Resonanz lässt sich nicht erzwingen. Sie ist kein Instrument, das wir beliebig spielen können, sondern eher ein Geschenk, das entsteht, wenn die Bedingungen stimmen. In einer Welt, die oft auf Kontrolle und Nutzen bedacht ist, kann das frustrierend sein – wir können Resonanz nicht einfach kaufen oder per Knopfdruck herstellen.

Doch gerade diese Unverfügbarkeit macht sie so kostbar. Sie stellt sich meist unverhofft ein: in einem ehrlichen Moment, in einer Muße-Stunde, wenn wir aufhören, etwas erzwingen zu wollen. Dann erleben wir plötzlich dieses Echo zwischen uns und der Welt, das uns spüren lässt, dass wir lebendig sind.

Gerade in unserer modernen, vernetzten Welt erleben wir den Unterschied zwischen bloßem Kontakt und echter Resonanz. Wir haben vielleicht Hunderte "Freunde" in sozialen Netzwerken und permanent Nachrichten auf dem

Smartphone – doch all das garantiert nicht, dass wir uns wirklich verbunden fühlen. Ein flüchtiges "Like" ersetzt kein einfühlsames Gespräch, und ständige Erreichbarkeit bedeutet nicht zwangsläufig Nähe.

Mehr denn je sehnen sich viele Menschen trotz äußerlicher Vernetzung nach dem Qualitätvollen, dem Spürbaren in Beziehungen. Resonanz braucht Zeit, Präsenz und Tiefe – Dinge, die im digitalen Zeitalter kostbar geworden sind. Umso bedeutungsvoller ist es, sich bewusst Räume für echte Begegnungen zu schaffen.

Identität durch Begegnung

Der Philosoph Martin Buber prägte den Satz: „Der Mensch wird am Du zum Ich". Damit meinte er: Erst im Gegenüber zum Du findet ein Mensch zu sich selbst. Wenn dich zum Beispiel jemand mit echter Wertschätzung behandelt – dich wirklich sieht – spürst du deine eigene Würde stärker. Durch die Augen des Anderen erkennst du Facetten deiner selbst, die dir allein vielleicht verborgen geblieben wären.

Schon in der frühen Kindheit wird deutlich, wie Identität durch Begegnung geformt wird. Ein

Säugling erfährt sich selbst zuerst über die Resonanz der Bezugspersonen. Lächelt die Mutter, wenn das Baby gluckst, spiegelt sich in ihrem Gesicht für das Kind: Ich bin willkommen, ich werde geliebt. Dieses Urgefühl legt den Grundstein für ein gesundes Selbst. Bleibt hingegen die einfühlsame Antwort aus – wenn ein Kind zum Beispiel kaum Zuwendung oder Bestätigung erfährt – kann sich ein Gefühl der Leere oder Unsicherheit im eigenen Wert entwickeln.

Wir sind von Anfang an darauf angewiesen, im Du ein Echo unseres Seins zu finden.

Doch auch im Erwachsenenalter ist Identität kein starres, abgeschlossenes Gebilde. Jeder Mensch, dem wir begegnen, formt uns auf subtile Weise mit. Manchmal merken wir erst in Beziehung zu anderen, welche Eigenschaften in uns schlummern. Ein bestimmter Freund bringt vielleicht unseren Humor zum Vorschein, ein anderer unser nachdenkliches, tiefgründiges Wesen. In einer neuen Liebesbeziehung entdecken wir Seiten an uns – sei es Fürsorglichkeit, Leidenschaft oder Verletzlichkeit – von denen wir zuvor kaum wussten. So wird unser Selbst wie ein Mosaik, das sich aus den Spiegelungen vieler Dus zusammensetzt. Jede bedeutungsvolle Begegnung fügt dem Bild etwas hinzu, verleiht ihm neue Farbtöne und Konturen.

Erinnere dich an eine Begegnung, die dich verändert hat. Vielleicht war es ein Lehrer, der etwas in dir gesehen hat, das sonst niemand wahrnahm, und dir dadurch neues Selbstvertrauen schenkte. Vielleicht ein Freund, der dich ermutigte, einen ungewohnten Weg zu gehen, wodurch du neue Fähigkeiten an dir entdeckt hast. Oder auch eine schwierige Person, die dir Grenzen aufgezeigt hat – und durch die du klarer geworden bist, wer du nicht sein willst. Solche prägenden Begegnungen sind Meilensteine unserer Identität. In ihnen wird deutlich: Wir werden zu dem, der wir sind, im Austausch mit anderen.

Auch durch Herausforderungen in Beziehungen schärft sich unser Selbstbild. Ein Konflikt mit einem Kollegen oder Familienmitglied mag unangenehm sein, doch er zwingt uns, Stellung zu beziehen: Wofür stehe ich? Was ist mir wichtig? Indem wir uns reiben, definieren wir unsere Grenzen und Werte. Selbst Enttäuschungen oder Verluste prägen unsere Identität – wer etwa eine Freundschaft zerbrechen sieht, erkennt rückblickend vielleicht, woran es gelegen hat und was er oder sie künftig anders möchte. So formen nicht nur harmonische, sondern auch schwierige Begegnungen den Menschen, der wir werden.

Im Alltag legen wir uns oft Rollen und Masken zu – aus Anpassung an Erwartungen der Gesellschaft oder um vermeintliche Schwächen zu verbergen. Doch wirklich greifbar wird unser Selbst erst, wenn diese Masken in aufrichtigen Begegnungen fallen dürfen. In der Präsenz eines wohlwollenden Gegenübers fühlen wir uns eingeladen, echt zu sein, ohne Fassaden. Wir dürfen uns zeigen mit unseren Gefühlen, unseren Träumen und auch unseren Unsicherheiten. Gerade dann kann Identität sich lebendig entfalten, jenseits starrer Zuschreibungen. Wir entdecken: Wir sind nicht nur die "Rolle" (der Beruf, die Funktion), die wir spielen – wir sind vielschichtige Wesen, die in Beziehung ihr volles Spektrum entfalten.

Man kann also sagen: Identität ist kein einsames Projekt, sondern ein dialogisches Geschehen. In jeder echten Begegnung entsteht nicht nur ein Bild von mir im Anderen, sondern auch umgekehrt: Auch ich werde durch das Du neu angeregt und geformt. Wir werden beständig, indem wir uns begegnen. Dieser Prozess hört nie auf. Solange wir leben und mit der Welt in Kontakt stehen, entwickeln wir uns weiter. Unsere Identität ist wie eine Geschichte, die wir zwar selbst erzählen, die aber die Stimmen vieler anderer in sich trägt.

Eingebunden statt verloren – Geborgenheit in der Welt

Trotz aller Verbindungen kann es Zeiten geben, in denen wir uns verloren fühlen – entfremdet von der Welt, allein mit uns selbst. Solche Momente gehören zum Menschsein dazu, besonders in einer Zeit, die Individualität und Selbständigkeit glorifiziert. Vielleicht kennst du das Gefühl, ein Fremder auf Erden zu sein, nicht recht dazuzugehören. Aber eben dann lohnt ein Blick auf die unsichtbaren Fäden, die dich dennoch halten.

Du bist nämlich nie wirklich isoliert. Selbst in der Einsamkeit bestehen Verbindungen fort. Denke an die Menschen, die in deinem Leben wichtig sind oder waren – Freunde, Geschwister, Eltern, Partner. Ihr Einfluss und ihr Wesen leben in dir weiter: in deinen Erinnerungen, in deinen Gewohnheiten, in den Werten, die sie dir mitgegeben haben. Vielleicht spürst du beim Gedanken an einen guten Freund ein inneres Lächeln. Oder du hörst den Rat eines geliebten Menschen in deinem Herzen, gerade wenn du unsicher bist. Diese inneren Begleiter zeigen, dass wir immer mehr sind als nur ein einzelnes Ich auf weiter Flur.

Auch die Welt um dich herum ist stets bereit, dich aufzunehmen, wenn du dich öffnest. Atme zum Beispiel ganz bewusst ein und aus – spüre, wie die Luft von draußen in dich strömt und wieder hinaus, als sanfter Gruß des Lebens. Richte deinen Blick nach oben: Der Himmel überspannt dich wie ein schützendes Dach, bei Tag und bei Nacht. Wenn du magst, lege einmal die Hand auf den Stamm eines Baumes und fühle die raue Rinde – ein Lebewesen, verwurzelt in derselben Erde, die auch dich trägt. Solche einfachen Gesten der Hinwendung können Wunder wirken: Plötzlich nimmst du wahr, dass du Teil dieser lebendigen Welt bist, dass da immer ein Gegenüber ist, das dich spiegelt – sei es in Gestalt einer anderen Person oder der Natur.

Jeder von uns hat seinen Platz im großen Gefüge. Stell dir einen gewaltigen Chor oder ein Orchester vor: Auch wenn deine Stimme nur eine von vielen ist – sie trägt zum Gesamtklang bei. Fehlt sie, wird das Lied ärmer. Genauso bist du ein einzigartiger Ton in der Symphonie des Lebens. Deine Erfahrungen, deine Talente, selbst deine Eigenarten – all das hat einen Wert und eine Bedeutung im Zusammenspiel mit dem Ganzen. Sich eingebunden fühlen heißt auch zu erkennen, dass man etwas beiträgt, einfach indem man ist.

Manche Menschen finden ein Gefühl von Zugehörigkeit auch in der Verbindung mit dem Geistigen. Im Gebet oder in der Meditation etwa richten sie sich auf ein größeres Du – sei es Gott, das Universum oder das Leben an sich – und erleben Trost und Geborgenheit. In solchen Augenblicken spüren sie eine Resonanz, die über das Zwischenmenschliche hinausgeht: das Gefühl, von einem wohlwollenden ganzen Sein umfangen zu sein. Auch diese spirituelle Dimension kann Teil des Resonanzgeflechts sein, das uns trägt.

Wenn du all dies verinnerlichst, stellt sich vielleicht eine leise Gewissheit ein: Du bist nicht verloren in einem kalten, leeren All. Du warst es nie. Jede echte Begegnung, jede Resonanz – ob mit einem geliebten Menschen, mit einem Tier, einem Baum oder einem Sternenhimmel – erinnert dich daran, dass du eingebunden bist in das große Ganze. In dir klingt ein Teil des Universums, und durch dich klingt es in die Welt. In diesem Wissen kannst du dich geborgen fühlen: als ein einzigartiger Ausdruck des Lebens, der untrennbar mit allem verbunden ist – **du bist das Universum.**

Kapitel 6 – Zeit, Wandel und das ewige Jetzt

Zeit ist allgegenwärtig und doch bleibt sie eines der größten Rätsel des Lebens. Wir *gewinnen* Zeit, wir *verlieren* Zeit; manchmal *vergeht* sie wie im Flug, manchmal *schleppen* wir uns durch zähe Minuten. Fast möchte man die Zeit gelegentlich „anhalten" oder „zurückdrehen" – all das zeigt, wie sehr sie unser Erleben bestimmt, ohne dass wir sie wirklich festhalten können.

Vom gleichmäßigen Ticken der Uhr bis zum subjektiven Gefühl, ob ein Moment ewig dauert oder im Flug vergeht, begegnet uns die Zeit auf Schritt und Tritt. Jeden Tag erleben wir Veränderung – sei es im Wechsel der Stunden und Jahreszeiten, im Älterwerden unserer Gesichter oder in den kleinen und großen Wandlungen unseres Selbst. Dabei stellt sich immer wieder die Frage: Was genau ist die Zeit, und wie prägt sie unser Dasein?

In diesem Kapitel wenden wir uns dem Wesen der Zeit zu. Wir betrachten, wie wir Zeit erfahren und wie die Wissenschaft sie versteht, und wir fragen nach dem Wandel des Selbst im Laufe eines Lebens. Im Mittelpunkt steht die Erfahrung des gegenwärtigen Augenblicks – des „Jetzt" –, jenes flüchtigen Moments, der doch unser einziger Zugang zur Wirklichkeit ist. Schließlich geht es um den Umgang mit Vergänglichkeit: Wie können wir mit dem beständigen Fluss der Veränderungen leben, ohne uns im Verlust zu verlieren? Diese Reise durch Zeit und Wandel soll aufzeigen, was es bedeutet, im ewigen Jetzt zu leben, während um uns und in uns alles in Bewegung ist.

Zeit: subjektive Erfahrung und objektive Wirklichkeit

Stell dir eine Situation vor, in der du auf etwas wartest – zum Beispiel darauf, dass das Wasser im Topf endlich kocht. Jede Sekunde scheint sich zu dehnen, und minutenlang passiert offenbar gar nichts. Im Gegensatz dazu vergeht dieselbe Zeitspanne wie im Flug, wenn du vertieft in ein faszinierendes Gespräch bist oder ein fesselndes Buch liest. Unsere innere Uhr geht oft anders als die Uhr an der Wand. Diese Diskrepanz zwischen *gefühlter* Zeit und *gemessener* Zeit erlebt jeder Mensch. Zeit ist also nicht nur das gleichförmige Ticken des Sekundenzeigers, sondern auch ein subjektives Empfinden, das stark davon abhängt, was wir gerade tun und wie wir uns fühlen.

Schon frühe Denker haben erkannt, wie schwer es ist, Zeit in Worte zu fassen. Der Kirchenvater Augustinus stellte fest: „Was also ist die Zeit? Wenn mich niemand danach fragt, weiß ich es; will ich es einem Fragenden erklären, weiß ich es nicht." Wir alle wissen intuitiv, was mit Zeit gemeint ist, solange wir nicht gezwungen sind, eine genaue Definition zu liefern. Objektiv gesehen messen wir Zeit in Sekunden, Minuten, Stunden und Jahren. Sie erscheint uns wie ein ständig fließender Strom, der vergangene Augenblicke unwiederbringlich mit sich nimmt, während er unaufhaltsam in die Zukunft strömt. In unserem Alltag richten wir uns nach diesem Strom: Wir kommen pünktlich zu Verabredungen, feiern jährlich unseren Geburtstag und beobachten, wie die Kalenderblätter immer schneller zu fallen scheinen.

Auch die Philosophie hat verschiedene Sichtweisen auf die Zeit entwickelt. Der Philosoph Immanuel Kant zum Beispiel argumentierte, dass Zeit nicht ein **Ding an sich** in der Außenwelt sei, sondern eine Bedingung unseres Bewusstseins. Für Kant ist Zeit – ebenso wie Raum – eine Art inneres Koordinatensystem, mit dem wir Ereignisse ordnen. Mit anderen Worten: Ohne das Vorstellungsgerüst der Zeit könnten wir keine Abläufe oder Veränderungen begreifen. Zeit ist nach dieser Auffassung gewissermaßen ein Modus unseres Geistes, kein Gegenstand, den man wie eine Uhr finden kann.

Die Wissenschaft liefert eine ganz eigene Perspektive auf die Zeit. In der Physik gilt Zeit neben Raum als eine grundlegende Dimension des Universums. Albert Einstein zeigte Anfang des 20. Jahrhunderts, dass Zeit keine starre, überall gleichermaßen ablaufende Größe ist. Vielmehr kann Zeit relativ sein: Für jemanden, der mit hoher Geschwindigkeit reist, vergeht sie im Vergleich zu jemandem im Ruhezustand tatsächlich langsamer. Dieses Phänomen der *Zeitdilatation* klingt exotisch, hat aber in vielen Experimenten Bestätigung gefunden.

So vergehen etwa für eine schnell reisende Astronautin die Jahre messbar langsamer – eine hypothetische Zwillingsschwester auf der Erde würde am Ende der Reise tatsächlich älter sein als die Astronautin. Tatsächlich wird die Relativität der Zeit sogar in unserem Alltag praktisch berücksichtigt: GPS-Satelliten korrigieren ihre Uhren regelmäßig, um minimale Zeitabweichungen auszugleichen, die durch ihre hohe Geschwindigkeit und die geringere Erdanziehung entstehen. Auch wenn wir das im Alltag kaum bemerken, führt uns die Relativitätstheorie vor Augen, dass Zeit kein absolut gleichförmiges „Ticken" im Hintergrund des Universums ist, sondern etwas, das vom Beobachter abhängt.

Noch verblüffender ist die Erkenntnis, dass die grundlegenden Naturgesetze – etwa in der Welt der Teilchen – kaum zwischen Vergangenheit und Zukunft unterscheiden. Auf mikroskopischer Ebene könnte die Zeit rein theoretisch auch rückwärts laufen, und viele physikalische Gleichungen bleiben gültig.

Warum erleben wir also eine eindeutige zeitliche Richtung, einen *Pfeil der Zeit*, in dem Ursachen immer vor ihren Wirkungen liegen und nicht umgekehrt? Die Antwort liegt in der Zunahme der *Entropie*, vereinfacht gesagt der Unordnung, im Universum. Ein geordnetes System neigt dazu, mit der Zeit ungeordneter zu werden – nicht umgekehrt.

Ein zerbrochenes Glas setzt sich nicht von selbst wieder zusammen, und aus kaltem Kaffee in einem warmen Zimmer wird mit der Zeit lauwarmer Kaffee, nicht heißer. Dieser natürliche Trend hin zu immer größerer Unordnung verleiht der Zeit ihre Richtung: Die Vergangenheit ist der Zustand größerer Ordnung, die Zukunft der Zustand größerer Unordnung. Daher können wir uns an Vergangenes erinnern, aber nicht an Zukünftiges – unser Gehirn, genau wie das Universum, hängt kausal mit dieser Zeitrichtung zusammen.

Albert Einstein ging sogar so weit zu sagen: „Die Unterscheidung zwischen Vergangenheit, Gegenwart und Zukunft ist nur eine Illusion, wenn auch eine sehr hartnäckige." Aus Sicht der Relativitätstheorie gibt es tatsächlich keinen für alle Beobachter einheitlichen Jetzt-Moment; was zugleich passiert, hängt vom jeweiligen Bewegungszustand ab. In der vierdimensionalen Raumzeit kann man sich Vergangenheit,

Gegenwart und Zukunft vielmehr als bereits existent vorstellen – unser Bewusstsein erlebt sie lediglich nacheinander. Solche Überlegungen sprengen zwar unsere Alltagserfahrung, doch sie illustrieren, dass die tiefste Natur der Zeit womöglich jenseits unserer gewohnten Vorstellungen liegt.

Während die Physik also ein Bild der Zeit zeichnet, das manchmal unseren Alltagsintuitionen widerspricht (Stichwort „Zeit ist relativ"), bleibt unsere unmittelbare Erfahrung davon unberührt: Wir erleben die Zeit als Abfolge von Momenten, als stetigen Fluss von *Gegenwart* zu *Zukunft*, der nie anhält.

Dennoch hat sich unser Zeitempfinden mit dem Wandel unserer Lebensweise verändert. In der heutigen schnelllebigen Gesellschaft klagen viele Menschen, die Zeit würde ihnen „davonlaufen". Durch ständige Erreichbarkeit, ein Übermaß an Terminen und die Flut an Informationen erleben wir oft Hektik und Zeitdruck. Verglichen mit früheren Zeiten, in denen das Leben stärker vom natürlichen Tageslicht und Rhythmus bestimmt war, scheint unser Alltagstempo sich erhöht zu haben.

Natürlich hat der Tag immer noch 24 Stunden –
doch wie wir diese Stunden füllen, beeinflusst, wie
schnell sie uns verstreichen. Wenn wir mehrere
Dinge gleichzeitig tun oder gedanklich schon beim
nächsten Programmpunkt sind, fühlt sich die
Gegenwart gehetzt an und die Wochen fliegen nur
so vorbei. Das verbreitete Bedürfnis nach
Entschleunigung, also bewusster Verlangsamung
des Lebenstempos, ist eine Reaktion auf dieses
subjektive Gefühl, dass die Zeit immer knapper
wird.

Es gibt noch weitere Alltagsbeispiele für das
flexible Zeitempfinden. In Momenten großer
Gefahr oder Aufregung meinen manche
Menschen, die Zeit verlangsame sich – etwa wenn
in einem Unfall die Sekunden sich wie in Zeitlupe
anfühlen. Hier spielen Stresshormone und höchste
Aufmerksamkeitsfokussierung eine Rolle: Das
Gehirn scheint mehr Details pro Sekunde zu
verarbeiten, wodurch ein Augenblick im
Nachhinein gedehnter und reicher an Erinnerung
erscheint. Umgekehrt vergeht die Zeit scheinbar
wie im Nu, wenn wir völlig vertieft und *im Flow*
sind, etwa bei einer kreativen Tätigkeit oder einem
Sport, den wir lieben. Dann vergessen wir die Zeit
buchstäblich, weil unser Bewusstsein ganz im Hier

und Jetzt aufgeht und keine Kapazität bleibt, auf die Uhr zu schauen oder den Zeitverlauf zu beobachten.

Ein Kind empfindet zum Beispiel einen Sommer als unendlich lang, während ein älterer Mensch das Gefühl haben mag, die Jahre vergingen immer schneller. Psychologen erklären dieses Phänomen unter anderem damit, dass für ein Kind ein Jahr einen großen Teil seines bisherigen Lebens ausmacht und voller neuer Eindrücke steckt. Im Alter hingegen haben wir schon viele ähnliche Erfahrungen gesammelt;

Tage und Wochen weisen oft Routinen auf und ähneln einander. Rückblickend scheint die Zeit dann zu rasen, weil wenige wirklich *neue* Erinnerungen die einzelnen Abschnitte im Gedächtnis markieren. Man kann diesen Unterschied auch im Familienleben erkennen: Für Kinder scheint die Zeit bis zum nächsten Geburtstag oft endlos zu dauern, während ihre Eltern den Eindruck haben, die Jahre verfliegen – und ehe man sich versieht, ist aus dem Kleinkind ein Teenager geworden.

Je vertrauter uns das Leben wird, desto mehr verschmelzen die Ereignisse, und die

Zeit erscheint uns kürzer. Diese subjektiven Zeiterfahrungen begleiten uns ständig.

Diese zwei Gesichter der Zeit – das objektiv Messbare und das subjektiv Erlebte – beeinflussen unser Leben fortwährend. Wir pendeln zwischen der Uhrzeit, die unser gesellschaftliches Leben strukturiert, und dem individuellen Zeiterleben, das unsere persönliche Wirklichkeit formt. Indem wir verstehen, wie formbar unsere Zeitwahrnehmung ist, können wir bewusster damit umgehen. Zeit ist nicht bloß ein Hintergrund für die Ereignisse, sondern spielt sich auch in uns ab. Und sie ist der Rahmen für alles, was sich verändert – einschließlich uns selbst. Denn während die Sekunden auf der Uhr gleichmäßig weiterticken, bleiben wir Menschen nicht dieselben. Im nächsten Abschnitt wenden wir uns daher dem Wandel des Selbst im Lauf der Zeit zu.

Wandel und Identität: Das Selbst im Fluss der Zeit

Es ist ein bemerkenswertes Erlebnis, sich alte Fotografien anzuschauen. Das Kind mit den neugierigen Augen oder der Jugendliche mit der eigenwilligen Frisur – das soll man selbst gewesen sein? Im Fotoalbum blätternd wird uns bewusst, wie sehr wir uns im Laufe der Zeit verändert haben. Körperlich ist die Veränderung offensichtlich: Aus kleinen Kindern werden Erwachsene und schließlich ältere Menschen mit grauen Haaren und Falten. Doch nicht nur das Äußere wandelt sich. Auch unsere Interessen, Vorlieben und Ansichten von der Welt sind heute wahrscheinlich andere als noch vor einigen Jahren.

Der Mensch, der wir einst waren, existiert in dieser Form nicht mehr – zumindest nicht ganz. Erinnerst du dich vielleicht an einen Wunschtraum oder eine Überzeugung aus deiner Jugend, die dich damals absolut definierte, heute aber keine Rolle mehr spielt? Solche Beispiele zeigen: Was uns einst wichtig war oder ausmachte, kann mit der Zeit verblassen oder einem neuen Selbstbild weichen. Manchmal können bestimmte Auslöser – etwa ein Lied aus deiner Jugend oder der Duft eines vertrauten Parfüms – dich gedanklich schlagartig in die Vergangenheit zurückversetzen.

Für einen Augenblick fühlst du dich dann wieder wie der Mensch von damals, als wäre die Zeit dazwischen aufgehoben. Solche Erlebnisse zeigen, wie fließend die Grenzen zwischen Vergangenheit und Gegenwart in unserem Bewusstsein sein können.

Trotz all dieser Veränderungen haben wir das Gefühl, ein und dieselbe Person zu sein, die all diese Lebensphasen durchläuft. Irgendetwas in uns vermittelt uns das Gefühl von **Identität** und Kontinuität. Wenn du an deine früheste Kindheit zurückdenkst, magst du Erinnerungsfragmente haben: vielleicht ein bestimmter Geburtstag, ein vertrauter Geruch im Haus der Großeltern oder ein Spielplatz an einem Sommernachmittag. Diese Erinnerungen gehören zu deiner Lebensgeschichte und verbinden das Kind von damals mit dem Erwachsenen von heute.

Unsere Erinnerungen fungieren wie ein unsichtbarer Faden, der die vielen Kapitel unseres Lebens zu einer zusammenhängenden Erzählung verknüpft. Psychologen sprechen vom *narrativen Selbst*: Wir alle konstruieren in gewisser Weise eine Geschichte unserer selbst, um die Kontinuität unseres Ichs aufrechtzuerhalten, obwohl so vieles an uns im Wandel ist. Interessanterweise sind unsere Erinnerungen kein neutrales Archiv, sondern eher ein flexibles Geschichtsbuch. Wir vergessen einige Details und betonen andere, sodass die Erzählung unseres Lebens im Nachhinein stimmig erscheint. Unser Gedächtnis ordnet die Vergangenheit fortwährend neu, um sie mit unserem jetzigen Selbstbild in Einklang zu bringen.

Interessanterweise tauscht der menschliche Körper viele seiner Bausteine im Laufe der Jahre vollständig aus. Hautzellen erneuern sich innerhalb von Wochen, die roten Blutkörperchen werden alle paar Monate ersetzt, selbst in unserem Skelett werden kontinuierlich Knochensubstanzen umgebaut. Einige Zellen in Gehirn und Herz bleiben zwar sehr lange erhalten, doch insgesamt besteht dein Körper nach zehn Jahren aus völlig anderen Zellen als noch ein Jahrzehnt zuvor. Wir sind also, rein physisch betrachtet, nicht aus dem gleichen „Material" gemacht wie früher. Und dennoch empfinden wir uns als dieselben Personen – nicht, weil die Materie gleich geblieben wäre, sondern weil unser Bewusstsein eine Kontinuität konstruiert.

Die Philosophie veranschaulicht dieses Paradox mit dem alten Gleichnis vom *Schiff des Theseus*: Wenn man ein Schiff Planke für Planke durch neues Holz ersetzt, bis kein ursprüngliches Teil mehr übrig ist, ist es dann immer noch dasselbe

Schiff? Genauso können wir fragen: Wenn all unsere Zellen ausgetauscht wurden und selbst unsere Gedanken und Gewohnheiten sich geändert haben – sind wir noch dieselben? Eine eindeutige Antwort gibt es darauf nicht. Einerseits scheint die Identität zu bestehen, andererseits findet kontinuierlich Veränderung statt. Heraklit, ein Philosoph des antiken Griechenland, brachte es prägnant auf den Punkt: „Man kann nicht zweimal in denselben Fluss steigen." Das Wasser fließt stets weiter, der Fluss ist jedes Mal ein anderer – und doch nennen wir ihn beim gleichen Namen, so wie wir uns selbst als „Ich" bezeichnen, auch wenn dieses Ich sich unaufhörlich verändert.

Betrachten wir die seelische und geistige Entwicklung, setzt sich dieses Bild fort. Die Träume und Ziele, die du mit zwanzig hattest, unterscheiden sich vermutlich erheblich von denen mit vierzig oder sechzig. Erfahrungen formen unsere Persönlichkeit: Jede Herausforderung, die wir meistern, jedes Leid, das wir durchstehen, und jede Liebe, die wir erfahren, hinterlässt Spuren in unserem Wesen. Manche Eigenschaften bleiben über lange Zeit relativ konstant – vielleicht warst du schon immer eher ruhig oder ungestüm, gewissenhaft oder kreativ –

doch selbst Charakterzüge können sich im Laufe des Lebens wandeln. Wir sind lernfähige Wesen: Unser Gehirn passt sich durch jeden Lernprozess an, bildet neue Verknüpfungen, schwächt ungenutzte Verbindungen. Diese *Neuroplastizität* ermöglicht es uns, uns weiterzuentwickeln, aber sie bedeutet auch, dass kein mentaler Zustand für immer festgeschrieben ist. Was uns heute noch begeistert oder aufregt, kann in einigen Jahren an Bedeutung verlieren, und umgekehrt können sich neue Leidenschaften und Sichtweisen entwickeln.

Allerdings vollzieht sich Wandel oft so allmählich, dass wir ihn kaum bemerken, bis wir zurückschauen. Im Alltag fühlen wir uns heute mehr oder weniger als die gleiche Person wie gestern oder letztes Jahr. Kleinere Veränderungen – ein neuer Haarschnitt, eine veränderte Meinung zu einem Thema, eine neue Freundschaft – fügen sich nahtlos ein. Erst der Blick über größere Zeitspannen enthüllt den Umfang des Wandels. Triffst du einen alten Schulfreund nach Jahrzehnten wieder, kann es sein, dass ihr euch fast fremd vorkommt, weil eure Lebenswege euch zu sehr unterschiedlichen Menschen gemacht haben. Oder ihr stellt fest, dass trotz aller äußeren Veränderungen „im Kern" noch etwas Vertrautes da ist. Beide Erfahrungen – Vertrautheit und Fremdheit – zeigen, wie komplex das Phänomen Identität über die Zeit ist.

In der Tat neigen wir Menschen in jedem Alter dazu, den zukünftigen Wandel unseres Selbst zu unterschätzen. Zwar erkennen wir meist rückblickend deutlich, wie sehr wir uns in den letzten zehn Jahren verändert haben, doch wir glauben gleichzeitig, der Mensch, der wir heute sind, werde in zehn Jahren weitgehend noch derselbe sein. Psychologen nennen diese Fehleinschätzung die *Ende-der-Geschichte-Illusion* – das Gefühl, unsere persönliche Entwicklung habe ihren Höhepunkt erreicht, obwohl sie tatsächlich ein Leben lang weitergeht. So überraschen uns im Nachhinein oft die Veränderungen, die wir durchlaufen haben, weil wir sie uns früher kaum vorstellen konnten.

Das *Selbst* ist letztlich kein starres Ding, das man einmal festlegt und das dann für immer gleich bleibt. Vielmehr gleicht es einem Fluss oder einer Geschichte, die fortwährend geschrieben wird. Jeder Tag, jede Begegnung und jede Entscheidung fügt der Geschichte neue Zeilen hinzu. Dabei können wir selbst aktiv Einfluss nehmen: Wir können alte Muster ablegen und neue Wege einschlagen. Menschen ändern im Lauf ihres Lebens z.B. ihre Berufung, Es kommt vor, dass jemand sogar in der Lebensmitte noch einmal völlig neu beginnt – etwa den Beruf wechselt oder in ein anderes Land zieht – und dabei das Gefühl hat, ein ganz neues Kapitel seines Selbst aufzuschlagen. ihren Wohnort, ihre Werte oder ihren Lebensstil. Solche Wendepunkte fühlen sich oft an wie ein „neuer Abschnitt" oder gar ein neues Leben innerhalb des gleichen Lebens. Das zeigt, wie formbar unsere Identität ist.

Zu verstehen, dass Wandel unvermeidlich ist, kann erleichternd und beunruhigend zugleich sein. Es kann uns befreien von dem Druck, einem festen Ideal-Ich entsprechen zu müssen. Wir dürfen wachsen, lernen und uns auch umentscheiden, ohne uns selbst zu verraten. Auf der anderen Seite konfrontiert uns der Wandel mit Vergänglichkeit: Nichts bleibt, wie es ist, und wir können Vergangenes nicht konservieren. Wie wir mit dieser Vergänglichkeit umgehen, wird zum entscheidenden Faktor dafür, ob wir am Fluss der Zeit leiden oder mit ihm schwimmen. Bevor wir uns dem gezielten Umgang mit Vergänglichkeit widmen, wollen wir jedoch einen genaueren Blick auf den einzigen Moment werfen, der uns wirklich zur Verfügung steht: das **Jetzt**.

Das Jetzt: die Kunst der Gegenwärtigkeit

Wir leben immer in einem einzigen Moment – der Gegenwart. Vergangenheit und Zukunft existieren für uns nur in der Vorstellung: Die Vergangenheit lebt in unseren Erinnerungen und die Zukunft in unseren Erwartungen oder Sorgen. Trotzdem verbringen wir erstaunlich viel Zeit damit, mit unseren Gedanken entweder zurück in Vergangenes oder voraus in Zukünftiges zu wandern. Vielleicht ertappst du dich manchmal dabei, an vergangene Situationen zu denken und zu überlegen, was du hättest anders machen können. Oder du malst dir aus, was morgen, nächstes Jahr oder in zehn Jahren sein wird. Währenddessen geschieht das eigentliche Leben **jetzt**, in diesem Augenblick.

Die **Gegenwärtigkeit**, also das voll bewusste Erleben des aktuellen Moments, ist etwas, das vielen von uns im Alltag oft entgleitet. Wir essen zum Beispiel eine Mahlzeit, während wir gedanklich schon bei der Arbeit oder in einem Gespräch von gestern sind, und bemerken kaum den Geschmack des Essens. Oder wir fahren eine vertraute Strecke mit dem Auto im Autopilot-Modus und können uns am Ende kaum erinnern, wie wir überhaupt ans Ziel gekommen sind, weil unser Kopf ganz woanders war.

Solche Alltagssituationen zeigen, wie leicht wir mit der Aufmerksamkeit abschweifen und den gegenwärtigen Moment verpassen. Dabei können selbst einfache Tätigkeiten reich an Eindrücken und Bedeutung sein, wenn wir wirklich *anwesend* sind. Stell dir vor, du gehst morgens zur Arbeit und richtest deine Sinne einmal ganz bewusst auf das Hier und Jetzt: Du spürst die kühle Luft auf der Haut, hörst das Zwitschern eines Vogels und siehst vielleicht, wie das Sonnenlicht durch die Bäume fällt. Dieser Moment ist einzigartig – und nur er ist real in diesem Augenblick.

Für kleine Kinder ist es übrigens selbstverständlich, im Augenblick zu leben. Sie können sich beispielsweise minutenlang in die Beobachtung eines Marienkäfers vertiefen, vollkommen versunken im Hier und Jetzt. Als Erwachsene dagegen haben wir diese kindliche Präsenz oft verloren, weil unser Geist dauernd auf Wanderschaft ist – doch wir können sie mit etwas Übung wiedererlangen.

Warum fällt es uns oft so schwer, im Jetzt zu bleiben? Ein Grund ist, dass unser Gehirn ein Meister der Zeitreise ist. Die Fähigkeit, aus vergangenen Erfahrungen zu lernen und zukünftige Szenarien zu planen, hat uns evolutionär weit gebracht.

Unser **Denken** springt daher automatisch viel in der Zeit hin und her. Doch diese nützliche Fähigkeit hat eine Kehrseite: Wenn wir ständig woanders sind mit unseren Gedanken, kann das zu Stress, Unzufriedenheit und sogar psychischem Leiden führen. Grübeln über Vergangenes kann zu Reue oder Nostalgie führen, während ständiges Vorausplanen Angst und Unruhe schüren kann. Untersuchungen in der Psychologie haben gezeigt, dass Menschen unglücklicher sind, wenn ihre Gedanken wandern, als wenn sie ganz bei dem sind, was sie gerade tun.

Anders ausgedrückt: **Ein Geist, der ständig abschweift, ist ein unglücklicher Geist.** Diese Erkenntnis deckt sich mit Weisheiten vieler philosophischer und spiritueller Traditionen, die seit jeher betonen, wie wichtig es ist, im Hier und Jetzt zu leben.

Wenn wir es schaffen, unsere Aufmerksamkeit in die Gegenwart zu bringen, können wir das Leben unmittelbar und intensiver erfahren. Ein Weg dazu ist das Üben von **Achtsamkeit** – eine Praxis, bei der man bewusst im Moment verweilt, ohne sich von umherschweifenden Gedanken forttragen zu lassen. Das kann so einfach beginnen wie ein paar tiefe Atemzüge, bei denen man nichts weiter tut, als das Ein- und Ausströmen der Luft zu fühlen. Solche Übungen zeigen uns, wie sich das *Jetzt* eigentlich anfühlt: lebendig, frisch und direkt.

Viele Menschen berichten, dass sie durch Achtsamkeitsmeditation oder ähnliche Techniken eine neue Wertschätzung für einfache tägliche Erfahrungen gewinnen. Der Geschmack von Tee, das Gefühl des Bodens unter den Füßen oder das Lächeln eines zufälligen Gegenübers auf der Straße – all das kann uns berühren, wenn wir präsent genug sind, es wirklich zu bemerken. Auch wissenschaftliche Untersuchungen zeigen, dass regelmäßige Achtsamkeitspraxis Stress senken und das allgemeine Wohlbefinden steigern kann. Es lohnt sich also nicht nur philosophisch, sondern ganz praktisch, häufiger im Hier und Jetzt zu verweilen. Diese Präsenz im Augenblick kommt auch unseren Beziehungen zugute: Jemandem volle Aufmerksamkeit zu schenken – ohne mit den Gedanken abzuschweifen oder auf einen Bildschirm zu schielen – ist ein Ausdruck von Wertschätzung. Wir erfahren eine tiefere Verbundenheit zu anderen, wenn wir wirklich *da* sind, anstatt im Geiste schon woanders.

Im Zustand voller Gegenwärtigkeit scheint die Zeit paradoxerweise an Bedeutung zu verlieren. Minuten oder Stunden spielen dann keine große Rolle, weil man nicht mehr beständig auf die Uhr oder in die Zukunft schaut. Einige beschreiben es so, dass sie im *Flow* oder in einer Art zeitlosem Raum sind, wenn sie vollkommen in einer Tätigkeit oder Erfahrung aufgehen.

Der Psychologe Mihály Csíkszentmihályi hat für dieses völlige Aufgehen in einer Tätigkeit den Begriff *Flow* geprägt.

In einem Flow-Zustand scheint das Ich mit dem Handeln zu verschmelzen; Bewusstsein und Tätigkeit werden eins, und das Gefühl für die verrinnende Zeit tritt beinahe vollständig zurück. Natürlich läuft die Uhr im Außen weiter, doch subjektiv erleben wir eine Form von zeitloser Gegenwart. Dieses Gefühl kann sehr erfüllend sein

– es ist, als ob wir in Einklang mit dem Strom des Lebens kommen, anstatt ständig dagegen anzukämpfen oder ihm voraus- oder hinterherzueilen.

Den gegenwärtigen Moment zu schätzen bedeutet jedoch nicht, Vergangenheit und Zukunft zu negieren. Unsere Erinnerungen und unsere Pläne haben ihren Platz. Es geht vielmehr darum, ein Gleichgewicht zu finden: Wir können aus der Vergangenheit lernen und Ziele für die Zukunft haben, aber das Leben spielt sich stets in der Gegenwart ab. Wenn wir lernen, mehr im Jetzt zu verweilen, können wir Veränderungen bewusster wahrnehmen und vielleicht gelassener damit umgehen. Denn wer im Augenblick verankert ist, den wirft der Fluss der Zeit weniger leicht aus der Bahn. Das bringt uns zur Frage, wie wir mit dem ständigen Wandel – der Vergänglichkeit aller Dinge – innerlich umgehen können, ohne uns darin zu verlieren.

Vergänglichkeit und Loslassen: den Wandel akzeptieren

Nichts in unserem Leben hält ewig – und doch erwischen wir uns oft dabei, zu fühlen, als könnte das, was uns lieb und teuer ist, für immer bleiben.

Wenn wir glückliche Zeiten erleben, wünschen wir uns, sie mögen nie enden. Wenn wir geliebte Menschen um uns haben, wollen wir sie niemals verlieren. Und wenn wir selbst voller Kraft und Gesundheit sind, neigen wir dazu, an die eigene Vergänglichkeit nicht zu denken. Doch früher oder später erinnert uns das Leben daran, dass alles im Fluss ist: Kinder werden erwachsen und ziehen aus, Freunde verändern sich oder gehen eigene Wege, unsere Fähigkeiten lassen im Alter nach, und am Ende gehört auch der Tod unwiederbringlich zum menschlichen Dasein. Diese Wahrheit kann schmerzlich sein. Der Verlust eines geliebten Menschen, das Ende einer Beziehung oder auch nur das Verstreichen einer wunderschönen Phase unseres Lebens kann tiefe Trauer und das Gefühl von Leere hinterlassen.

Unsere natürliche Reaktion auf Vergänglichkeit ist oft, uns dagegen aufzulehnen. Wir versuchen, den Moment festzuhalten: machen Fotos, sammeln Erinnerungsstücke, klammern uns an Rituale. Wir pflegen Nostalgie oder weigern uns, Veränderungen wahrzunehmen, in der Hoffnung, das Unvermeidliche hinauszuzögern. In vielerlei Hinsicht ist das völlig verständlich – Veränderung bedeutet auch Unsicherheit, und das Unbekannte macht Angst. Die Kultur gibt uns gemischte Botschaften: Einerseits hören wir Sprüche wie *„Carpe diem"* (nutze den Tag) oder *„Lebe im Jetzt"*, andererseits suggeriert uns die Werbeindustrie, wir könnten und müssten Jugend, Schönheit und Erfolg konservieren. Es scheint also ein ständiger Kampf stattzufinden zwischen dem Wunsch, festzuhalten, und der Realität, dass nichts festzuhalten ist.

Philosophische und spirituelle Traditionen haben verschiedene Wege entwickelt, mit Vergänglichkeit umzugehen. Im Buddhismus zum Beispiel steht die Erkenntnis der Vergänglichkeit (*Anicca*) im Zentrum: Alles Zusammengesetzte wird vergehen, und genau das Anhaften an Vergänglichem sehen buddhistische Lehren als Ursache von Leid. Die Übung besteht darin, die Unbeständigkeit zu akzeptieren und im Loslassen Frieden zu finden. Eine bekannte buddhistische Parabel veranschaulicht diese Lehre: Eine Frau, die ihr einziges Kind verloren hatte, bat Buddha um Hilfe gegen ihren Schmerz. Buddha gab ihr den Auftrag, ein Senfkorn aus einem Haus zu holen, das noch nie einen Todesfall betrauern musste. Die trauernde Mutter suchte in ihrem Dorf und darüber hinaus – doch sie fand kein Haus, in dem nicht irgendwann ein geliebter Mensch gestorben war. Da begriff sie, dass Vergänglichkeit und Verlust zum Menschsein dazugehören, und begann, ihren Schmerz anzunehmen. Auch in westlichen Philosophien gibt es ähnliche Gedanken: Die **Stoiker** der Antike rieten dazu, sich regelmäßig die eigene Sterblichkeit vor Augen zu führen (*Memento mori*), um sich bewusst zu machen, wie kostbar jeder Tag ist und um nicht an Irdischem übermäßig zu hängen. Solche Ideen können uns helfen, eine Haltung der Gelassenheit gegenüber dem Wandel zu entwickeln.

Wie aber lässt sich diese Gelassenheit im Alltag üben? Es gibt Haltungen und Praktiken, die dabei unterstützen können, Vergänglichkeit anzunehmen, ohne in Passivität oder Gleichgültigkeit zu verfallen:

- **Akzeptieren, was wir nicht ändern können:** Der erste Schritt ist anzuerkennen, dass Veränderung unvermeidbar ist. Anstatt gegen eine Tatsache anzukämpfen – sei es das

Älterwerden, das Ende eines Sommers oder eine berufliche Umwälzung – können wir uns bewusst machen, dass Widerstand nur zusätzliches Leid erzeugt. Akzeptanz bedeutet nicht, alles gutheißen zu müssen, was geschieht, sondern die Realität als solche anzunehmen. Dies schafft die Grundlage, um innerlich ruhiger mit dem Wandel umzugehen.

- **Loslassen lernen:** Oft hängen wir mit unseren Gedanken und Gefühlen an etwas, das vorbei ist. Loslassen heißt, Schritt für Schritt die emotionale Verstrickung mit dem Vergangenen zu lösen. Das kann bedeuten, sich liebevoll von einer Phase des Lebens zu verabschieden oder einem verlorenen Menschen innerlich alles Gute zu wünschen und weiterzuleben. Loslassen fällt nicht leicht und ist ein Prozess, doch er öffnet Raum für Neues. Manchmal hilft es, sich klarzumachen, dass nichts wirklich „besessen" werden kann – weder Menschen noch Augenblicke – und dass in jedem Abschied auch ein Neubeginn steckt.

- **Im Moment leben und Dankbarkeit kultivieren:** Diese Prinzipien knüpfen an das an, was wir über Gegenwärtigkeit gelernt haben. Wer den gegenwärtigen Augenblick bewusst lebt und schätzt, entwickelt automatisch Dankbarkeit für das, was *jetzt* ist, anstatt nur dem Vergangenen nachzutrauern. Dankbarkeit lenkt den Fokus auf die Fülle dessen, was wir erleben durften und dürfen. Wenn wir uns etwa dankbar erinnern, wie viel Freude uns eine bestimmte Zeit oder ein Mensch geschenkt hat, wandelt sich der Schmerz des Verlusts teilweise in wertschätzende Wärme. Im Jetzt zu sein hilft auch, sich nicht in hypothetischen Zukünften zu verlieren, sondern das Leben im aktuellen Augenblick auszukosten – wissend, dass auch dieser vorübergehen wird.

- **Sich auf das Wesentliche besinnen:** Die Erkenntnis, dass unsere Zeit begrenzt ist, kann uns helfen, Prioritäten zu setzen. Was erscheint uns wirklich wichtig, wenn alles vergänglich ist? Der römische Philosoph Seneca stellte treffend fest: „Nicht zu wenig Zeit haben wir, sondern zu viel Zeit verlieren wir." Schon vor 2000 Jahren erinnerte er daran, dass es darauf ankommt, die gegebene Lebenszeit sinnvoll zu nutzen. Moderne psychologische Untersuchungen bestätigen dies: Je älter Menschen werden, desto eher neigen sie dazu, sich auf wesentliche und erfüllende Aspekte ihres Lebens zu konzentrieren – zum Beispiel auf enge Beziehungen oder bedeutungsvolle Tätigkeiten – und Alltägliches gelassener zu nehmen. Das Bewusstsein einer begrenzten Zukunft scheint den Blick automatisch auf die Dinge zu lenken, die im Kern zählen. Oft sind es nicht die materiellen Dinge, sondern Beziehungen, Erfahrungen und persönliches Wachstum. Wenn wir uns vor Augen führen, dass wir nicht alles festhalten können, lernen wir, unsere Energie auf das zu richten, was uns im Innersten erfüllt, anstatt uns in Vergänglichem zu verlieren.

- **Vertrauen in den Wandel entwickeln:** Veränderungen bringen nicht nur Verluste, sondern oft auch Wachstum und neue Chancen. Wenn ein Abschnitt endet, beginnt ein anderer. Sich daran zu erinnern, kann Zuversicht spenden. Viele von uns können rückblickend erkennen, dass aus schweren Veränderungen später etwas Gutes erwuchs – sei es neue Beziehungen nach dem Ende alter, ein neu entdeckter Lebensweg nach dem Verlust des Gewohnten oder schlicht innere Reife. Vertrauen in den Wandel heißt, darauf zu bauen, dass das Leben in Phasen verläuft und jede Phase ihren Sinn haben kann, auch wenn wir ihn nicht sofort erkennen.

Natürlich lässt sich all das leichter sagen als tun. Akzeptanz und Loslassen sind keine einmaligen Entscheidungen, sondern immer wiederkehrende Herausforderungen. Trauer über Verluste will durchlebt sein. Niemand kann erwarten, angesichts eines schmerzlichen Abschieds sofort gelassen zu sein. Die **Zeit** selbst ist hier oft eine Heilerin: Sie mildert akute Schmerzen und lässt uns nach und nach lernen, mit dem Verlust zu leben. Indem wir uns erlauben zu trauern, geben wir der Seele Raum, sich an die neue Realität zu gewöhnen. Mit der Zeit können aus Wunden Narben werden – Spuren, die bleiben, uns aber nicht mehr ständig wehtun. Solche Narben erinnern zwar an das Verlorene, zeigen aber auch, dass Heilung stattgefunden hat und wir trotz allem weiterleben – und weiter lieben – können.

Vergänglichkeit anzunehmen bedeutet nicht, passiv zu werden oder nichts mehr wertzuschätzen – im Gegenteil. Wer die Endlichkeit versteht, lernt die kostbaren Augenblicke bewusster zu genießen. Das Wissen um die Vergänglichkeit verleiht jedem Moment, jedem Treffen mit einem lieben Menschen, jedem Sonnenuntergang eine besondere Tiefe. Denn wir wissen: Es wird nicht exakt so wiederkommen. Man kann sogar spekulieren, dass ein unendliches Leben an Intensität verlieren würde – gerade weil unser Dasein endlich ist, spüren wir die Dringlichkeit, die wirklich wichtigen Dinge nicht auf später zu verschieben.

Die Begrenzung der Zeit gibt unseren Entscheidungen und Erlebnissen ihren Wert. Paradoxerweise kann gerade die Einsicht, dass nichts ewig dauert, eine tiefe Wertschätzung des Lebens erzeugen. So wird in Japan jedes Frühjahr die Kirschblüte (Hanami) gefeiert – im Bewusstsein, dass diese Pracht nur wenige Tage währt. Gerade weil die Blüten so vergänglich sind, empfinden die Menschen sie als besonders schön und wertvoll.

Schließlich lohnt ein Blick auf das große Ganze: Wir Menschen sind Teil eines universellen Zyklus von Werden und Vergehen. In der Natur können wir diesen Zyklus überall beobachten: Nach dem Welken der Blätter im Herbst erwacht im Frühling neues Grün; aus herabgefallenen Blüten und Gräsern werden Nährstoffe für kommende Pflanzen. Vergänglichkeit bedeutet hier nicht Stillstand, sondern ständigen Wandel, aus dem immer wieder neues Leben entsteht. Alles, was lebt, kehrt eines Tages zur Erde zurück, und neues Leben entsteht daraus.

Sterne entzünden sich und verlöschen nach Milliarden Jahren, Galaxien formen sich und zerstreuen sich wieder. Vergänglichkeit ist kein Makel unseres Daseins, sondern ein Grundgesetz des Universums.

Darin liegt auch ein Trost: Wir sind nicht allein in unserem Wandel, wir sind eingebettet in einen kosmischen Rhythmus.

In diesem Bewusstsein können wir vielleicht ein tieferes Vertrauen entwickeln, dass jeder Abschied und jeder Neubeginn Teil eines größeren Zusammenhangs ist.

Nachdem wir uns nun der Natur der Zeit, dem Wandel des Selbst, der Bedeutung des Jetzt und dem Umgang mit der Vergänglichkeit gewidmet haben, wollen wir innehalten. Was bedeuten all diese Einsichten für unser Verständnis von uns selbst und unserer Beziehung zum Universum? Im Folgenden sammeln wir einige Gedanken in einer Zwischenreflexion, bevor wir unseren Weg fortsetzen.

Zwischenreflexion

Halte einen Moment inne und lass die zuvor betrachteten Gedanken auf dich wirken. Wir haben gesehen, wie die Zeit sowohl objektiv verläuft als auch subjektiv erlebt wird, wie unser Selbst im stetigen Wandel begriffen ist, wie kostbar der gegenwärtige Augenblick sein kann und wie unvermeidlich die Vergänglichkeit alles Bestehenden ist. Das sind keine leichten Erkenntnisse. Sie berühren grundlegende Fragen unseres Daseins: Wer bin ich, wenn doch alles an mir im Fluss ist? Was bleibt, wenn jeder Moment vergeht? Wie kann ich dem ständigen Wandel mit Gelassenheit begegnen?

Vielleicht spürst du beim Nachdenken darüber ein Spannungsfeld zwischen zwei Polen: Auf der einen Seite die Vergänglichkeit und Veränderlichkeit aller Dinge – auf der anderen Seite das Verlangen nach Beständigkeit, nach einem Anker inmitten des Flusses der Zeit. Wir alle sehnen uns nach Halt. Doch statt in etwas Äußerem einen unveränderlichen Halt zu suchen, könnten wir erkennen, dass gerade die **Bewusstheit im Hier und Jetzt** ein solcher Anker sein kann. Der jetzige Moment, in dem du diese Zeilen liest, ist dein Schnittpunkt mit der Zeit. Genau hier erlebst du dich selbst und die Welt. Und dieser Moment ist, wenn du ihn voll wahrnimmst, tatsächlich *immer da*, auch wenn sein Inhalt wechselt. In gewisser Weise ist das **Jetzt** ewig, weil es immer wieder neu auftaucht und alles Erleben sich nur in ihm abspielen kann.

Indem wir uns der Vergänglichkeit bewusst werden, wächst paradoxerweise etwas in uns, das nicht vergeht: ein Verständnis, eine Weisheit vielleicht, die das Auf und Ab des Lebens mit größerer Ruhe betrachten kann. Wenn wir begreifen, dass Veränderung die Regel ist und nicht die Ausnahme, können wir aufhören, dagegen anzukämpfen. Wir können anfangen, mit dem Strom zu schwimmen – was nicht Gleichgültigkeit bedeutet, sondern im Gegenteil ein intensiveres Einlassen auf das Leben, wie es gerade ist. Jeder Augenblick wird bedeutsam, wenn wir wissen, dass er einzigartig ist.

Am Ende führt die Auseinandersetzung mit Zeit, Wandel und Jetzt zu einer tiefen Einsicht: Wir sind eng verwoben mit dem Prozess des Universums. Alles, was wir erfahren – Geburt und Wachstum, Verlust und Erneuerung – spiegelt Vorgänge wider, die sich überall in der Natur ereignen. In unserem Bewusstsein findet gewissermaßen das gesamte Spiel von Vergänglichkeit und Gegenwärtigkeit einen Fokuspunkt.

Wir sind nicht bloße Zuschauer dieses Spiels, sondern mittendrin – ja, wir sind selbst der Fluss der Veränderung, der ständig neue Formen annimmt, und zugleich das Bewusstsein, das diesen Fluss wahrnimmt. Man bedenke: Die Atome deines Körpers wurden vor Milliarden Jahren im Inneren von Sternen geschmiedet. In gewisser Hinsicht bist du aus **Sternenstaub** gemacht, der jetzt fühlt und denkt. In dir verbinden sich kosmische Vergangenheit und lebendige Gegenwart auf einzigartige Weise.

Diese Erkenntnis mag zunächst abstrakt klingen, doch sie kann sehr tröstlich und befreiend sein. Wenn wir uns als Teil des großen Ganzen sehen, wird klar, dass wir mit unseren persönlichen Veränderungen nicht isoliert sind. Das Universum selbst ist in uns lebendig – in jedem Herzschlag und in jedem Gedanken, der auftaucht und vergeht. Du bist das Universum, in dem sich Zeit und Ewigkeit begegnen – in jedem Augenblick deines bewussten Erlebens.

Was lässt sich aus all dem mitnehmen? Vielleicht die Erkenntnis, dass wir nicht verzweifelt nach einem unveränderlichen Halt im Außen suchen müssen. Weder die Zeit noch der Wandel sind unsere Feinde – sie sind Teile von uns.

Du *bist* Zeit, insofern jeder Wechsel durch dich hindurchfließt, und zugleich trägst du in dir eine zeitlose bewusste Präsenz, die all das wahrnimmt. Diese Perspektive kann ein tiefes Gefühl von Gelassenheit und Verbundenheit schenken, selbst wenn um dich herum vieles im Umbruch ist.

Kapitel 7: Lebenssinn und Zweck

Manchmal, wenn die Welt um dich zur Ruhe kommt und die Sterne am Nachthimmel leise funkeln, spürst du eine Frage in dir aufsteigen. Sie ist so alt wie die Menschheit selbst:

Warum bin ich hier? Was ist der Sinn all dessen, was ist der Zweck deines Daseins? In solchen Momenten begegnest du der Tiefe deiner eigenen Existenz. Du spürst, wie groß das Universum ist, das dich umgibt, und wie geheimnisvoll dein eigenes Bewusstsein inmitten dieser unendlichen Weite leuchtet.

Seit jeher haben Menschen versucht, auf dieses "Warum" eine Antwort zu finden – in Mythen und Legenden, in Religion und Wissenschaft. Doch so tief die Erkenntnisse auch gingen, die Frage selbst blieb bestehen, lebendig wie ein Herzschlag. Und nun stellst du sie, hier und heute, vielleicht in neuer Form, aber mit derselben ehrfürchtigen Neugier.

Diese uralte Frage nach dem *Warum* deines Lebens ist kein Zeichen von Unwissenheit, sondern Ausdruck deines lebendigen Geistes. Denn gerade weil du fragst, weil in dir dieses Staunen und Suchen brennt, offenbart sich etwas ganz Entscheidendes: Du bist ein Bewusstsein, das sich seiner selbst und der Welt bewusst ist. Das Universum blickt durch deine Augen in sich selbst hinein. Deine Fähigkeit zu fragen, zu zweifeln und zu hoffen ist wie ein Spiegel, in dem sich das unermessliche All erkennen kann.

In diesem Bewusstsein, das in dir erwacht ist, klingt eine tiefe Verbundenheit mit allem, was ist. Vielleicht hast du es schon gespürt, wenn du unter dem Nachthimmel standest oder im stillen Morgengrauen den ersten Vogelruf gehört hast: Da ist ein Moment, in dem sich die Grenzen zwischen dir und der Welt auflösen.

Dein *Ich* tritt einen Schritt zurück, und etwas Größeres tritt hervor – ein Gefühl, Teil eines unendlichen Ganzen zu sein. In solchen Augenblicken ahnst du, dass dein Leben eingebettet ist in ein Geflecht von Beziehungen, dass dein Herz im Takt eines universellen Pulses schlägt.

Doch was bedeutet all das für den Sinn und Zweck deines Daseins? Du hast in den vergangenen Kapiteln eine Reise unternommen – eine Reise durch die Natur des Bewusstseins, durch die Idee, dass Information der Stoff ist, aus dem Wirklichkeit gewoben wird, durch die Frage nach deiner Identität, durch das Prinzip der Resonanz und das Wissen um die allumfassende Verbundenheit. All diese Pfade haben dich hierher geführt, an den Ort, wo sich Erfahrung und Wissen begegnen. Jetzt stehst du an der Schwelle einer Einsicht: dass Sinn nicht etwas ist, das man wie einen verborgenen Schatz finden oder erlangen muss. Sinn ist etwas, das geschieht, wenn Bewusstsein, Information, Identität, Resonanz und Verbundenheit in dir zusammenklingen und ein lebendiges Ganzes formen.

Stell dir dein Dasein vor wie ein Lied, das aus vielen Tönen komponiert ist. Jeder Ton steht für einen Aspekt deiner Existenz: dein Bewusstsein, das Licht in deinem Inneren; die Informationen und Erfahrungen, die dein Leben weben; dein Gefühl von Identität, wer du bist; die Resonanz, die zwischen dir und der Welt schwingt; und die Verbundenheit, die dich mit allem vernetzt. Wenn diese Töne harmonieren, entsteht eine Melodie – die Melodie deines Lebenssinns. Sie ist einzigartig, so wie du einzigartig bist, und doch eingebettet in die große Sinfonie des Universums.

Betrachten wir zunächst das Bewusstsein, jenen leisen, stetigen Strom des Erlebens in dir. Bewusstsein ist das Wunder, durch das es überhaupt ein *Innenleben* gibt – durch das es ein *Erleben* gibt. Ohne Bewusstsein gäbe es kein „Sinn-Erleben", keine Bedeutungen, denn was wäre Bedeutung ohne jemanden, der sie empfängt und empfindet?

Dein Bewusstsein ist wie eine Kerze, die das Dunkel erhellt, oder wie ein Fenster, durch das das Universum sich selbst betrachten kann. In deinem wachen Gewahrsein entfaltet sich die Welt mit Farben, Klängen und Gefühlen.

Hier, in diesem inneren Raum, tauchen Fragen auf und finden Begegnungen mit möglichen Antworten statt. Hier formt sich das, was wir *Sinn* nennen. Denn Sinn ist nicht „da draußen" in den Sternen allein zu finden, sondern er entsteht im Austausch zwischen deinem Inneren und dem äußeren Kosmos. Es ist wie ein Tanz: Erst im Miteinander zweier Tänzer formt sich die Melodie des Tanzes – so entsteht Sinn erst im innigen Zusammenspiel zwischen dir und dem Leben.

Information – das war der Stoff, aus dem die Wirklichkeit ist, wie du gelernt hast. Alles, was ist, lässt sich als Information begreifen: die Position eines Sterns am Himmel, das Flüstern des Windes in den Bäumen, der Schlag deinem Herzens, der

Gedanke, der eben durch deinen Geist zieht. Information ist formgewordene Beziehung. Wenn du etwas wahrnimmst, strömt Information in dein Bewusstsein. Deine Sinne übersetzen die Welt in Zeichen und Impulse, die dein Geist lesen kann. Und dein Gehirn, dieses erstaunliche Netzwerk von Milliarden von Neuronen, webt aus all diesen Informationen eine bedeutungsvolle Erfahrung. Wie ein Spinnennetz fängst du die Fäden von Licht, Klang und Berührung ein und machst daraus eine innere Welt.

Genau hier beginnt Sinn: indem etwas für dich *Bedeutung* erlangt. Ein Stern ist nicht bloß ein Lichtpunkt am Himmel; er kann für dich ein Hinweis auf Unendlichkeit sein, ein Symbol der Orientierung oder schlicht ein schöner Anblick, der dich berührt. Information wird zu Bedeutung, wenn sie auf ein bewusstes Wesen trifft, das fragt und fühlt.

Ist es da verwunderlich, dass wir im Austausch von Information mit der Welt auch nach Sinn suchen? Dein Leben lang strömen Eindrücke auf dich ein – Erfahrungen, Begegnungen, Abschiede, Träume. Sie alle tragen Informationen über die Welt und dich in sich. Und du, als empfindendes Wesen, gibst diesen Rohdaten Sinn. Du bist der

Erzähler deiner eigenen Geschichte, webst aus den Ereignissen deines Lebens ein Gewebe der Bedeutung. Wenn du zurückschaust, erkennst du vielleicht Muster: kleine Zufälle, die sich wie Fügungen anfühlten, Begegnungen, die etwas in dir in Schwingung versetzt haben, Herausforderungen, durch die du gewachsen bist.

Dein Bewusstsein ordnet die unendliche Flut der Informationen, hebt einige hervor, lässt andere in den Hintergrund treten – und genau dadurch entsteht ein Bild, das mehr ist als die Summe der Einzelteile. Es ist, als schaust du auf ein Mosaik: Jedes Steinchen für sich ist nur ein Farbfleck, aber zusammen ergeben sie ein sinnvolles Bild. So entsteht aus dem Gewebe der Welt, durchwoben von Information, ein Sinngewebe in deinem Inneren.

Und dieses Sinngewebe ist bei jedem Menschen anders gewoben. Zwei Menschen können dieselbe Erfahrung machen und doch einen ganz anderen Sinn darin finden – denn jeder webt mit eigenen Fäden, mit eigenen Farben aus Erinnerungen, Hoffnungen und Träumen. Genau darin liegt die wunderbare Freiheit des Sinns: Er folgt keinem starren Plan, sondern entsteht als lebendiges Kunstwerk in deinem Bewusstsein.

Auf diesem Teppich der Wahrnehmungen stehst **du** – das Wesen, das diese Erfahrungen macht. Hier kommt deine **Identität** ins Spiel, das Gefühl, ein *Jemand* zu sein, ein einzigartiges Ich. Lange hast du dich vielleicht als getrennt von der Welt empfunden, als ein kleines Bewusstsein in einem riesigen Universum, zufällig hineingeworfen in ein Leben voller Geheimnisse.

Doch je tiefer du eintauchst in die Natur der Realität, desto mehr erkennst du: Deine Identität ist fließend, weitläufig, verwoben mit allem um dich herum.

Du bist nicht nur der einzelne Tropfen, sondern auch Teil des Ozeans. Manch einer, der meditiert oder sich in Gebet, Musik oder Natur verliert, berichtet sogar, dass das Gefühl eines getrennten Ichs ganz verschwinden kann – und was dann bleibt, ist ein Bewusstsein, das eins ist mit allem, grenzenlos und erfüllt von tiefem Frieden.

In solchen Augenblicken scheint es, als öffne sich der Vorhang der Wirklichkeit ein Stück, und dahinter kommt ein Sinn zum Vorschein, der mit Worten kaum zu fassen ist. Auch deine Selbstheit, dein *Ich-bin*, ist kein starres Ding, sondern ein Prozess, ein stetiges Werden. In jedem Moment definierst du dich neu, im Dialog mit deiner Umgebung, mit den Menschen, mit deinen Erinnerungen und Visionen.

Was bedeutet das für den Lebenssinn?

Nun, stell dir vor, der Sinn deines Lebens wäre davon abhängig, wer oder was du bist. Wenn du dich nur als isoliertes Selbst siehst, eng umgrenzt von deiner Haut und deiner Lebensgeschichte, dann suchst du den Sinn vielleicht in den Grenzen dieses Selbst: in Erfolg, in Anerkennung, in dem, was dich ausmacht im Gegensatz zu anderen.

Aber wenn du erkennst, dass deine Identität weit über dieses persönliche Ich hinausreicht – dass du verbunden bist mit der Geschichte des Universums, mit der Erde, mit anderen fühlenden Wesen – dann öffnet sich der Raum der Bedeutung ins Unermessliche. Plötzlich ist dein Dasein kein Zufall mehr, keine einsame Reise.

Hier beginnt etwas *zu schwingen*: Ein Gefühl von Bedeutsamkeit, das nicht aus dem Haben oder Tun allein kommt, sondern aus dem Sein und Erkennen. Hier kommen **Resonanz** und **Verbundenheit** ins Spiel. Denn was geschieht, wenn dein Inneres und das Äußere sich wie

Spiegel gegenüberstehen? Es entsteht Resonanz – ein Mitschwingen. Du spürst es, wenn dich Musik tief berührt, als würde eine Saite in dir zum Klingen gebracht. Du spürst es, wenn du einem anderen Menschen in die Augen siehst und darin deine eigene Seele erkennst. Du spürst es, wenn du in der Natur stehst – am Ufer eines Meeres, auf dem Gipfel eines Berges oder barfuß im Wald – und dich plötzlich eins fühlst mit all dem Leben um dich herum. Diese Momente der Resonanz sind wie Schlüssel zum Sinn: Sie zeigen dir, dass du Teilhast, dass du antwortest auf das, was ist, und dass etwas, das ist, auf dich antwortet.

Resonanz bedeutet: Du rührst an die Welt, und die Welt rührt dich an. Da ist eine Schwingung, eine lebendige Kommunikation, die über Worte hinausgeht. In der Resonanz offenbart sich Sinn oft, ohne dass du ihn in Worte fassen kannst. Ein Lachen, das ihr teilt, ein Blick voller Verständnis, ein stilles Mitgefühl – all das lässt dich spüren, dass es einen Grund gibt, warum du genau jetzt, genau hier bist. Vielleicht ist dieser Grund kein "Zweck" im Sinne eines Auftrags, den es zu erfüllen gilt, sondern eher ein Fluss, in den du eintauchst. Wenn du in Resonanz bist, fragst du nicht mehr verzweifelt nach dem „Warum", weil du fühlst: *So ist es richtig.* Dieses Erleben schafft Vertrauen. Vertrauen darin, dass dein Leben Sinn hat, auch wenn du ihn nicht jeden Augenblick mit dem Verstand erklären kannst.

Aus der Resonanz erwächst Verbundenheit. Was zunächst ein Moment des Mitschwingens war, wird zur Gewissheit einer tieferen Verbindung. Du bist nicht alleine. Du warst es nie. Vom ersten Atemzug an bist du eingebunden in ein Netzwerk des Lebens. Die Luft, die du einatmest, war Teil der Wolken, der Ozeane, der Atemzüge unzähliger Lebewesen vor dir. Das Licht, das dich morgens weckt, hat Millionen von Jahren eine Reise durch den Raum hinter sich, von den Herzen der Sterne zu deinen Augen. Die Worte, die du sprichst, sind erfüllt von dem Geist der Sprache, den dir Generationen von Menschen vorgegeben haben. Und die Liebe, die du gibst und empfängst, der Kummer und die Freude, die du teilst, spannen unsichtbare Fäden zwischen dir und anderen. Jeder Teil von dir, körperlich wie geistig, ist aus dem Stoff des Universums gemacht, recycelt und neu geformt über Äonen.

Erkennst du in diesem gewaltigen Austausch, in diesem ständigen Geben und Nehmen, nicht auch einen tieferen **Zweck**? Vielleicht keinen simplen, zielgerichteten Zweck wie bei einem Werkzeug, wohl aber eine Art Bestimmung: *zu verbinden und verbunden zu sein.*

Verbundenheit bedeutet, in Beziehung zu stehen – zu anderen Menschen, zu anderen Wesen, zu Ideen, zur ganzen Existenz. In dieser Beziehung entfaltet sich Sinn fast wie von selbst. Denn Bedeutung entsteht durch Bezogenheit. Ein Wort allein, isoliert, sagt wenig; erst in einem Satz, im Kontext, gewinnt es Sinn. So ist es auch mit dir: Als isoliertes Wesen mag das Leben dir sinnlos erscheinen. Im Kontext der Verbundenheit jedoch erkennst du dich als Teil eines Satzes, eines großen Gesprächs des Seins. Du bedeutest etwas für andere, und andere bedeuten etwas für dich. Diese gegenseitige Bedeutsamkeit ist wie ein leuchtender Faden, der alle Existenzen durchzieht.

Wenn du all dies zusammen nimmst – Bewusstsein, Information, Identität, Resonanz, Verbundenheit – was zeichnet sich daraus ab? Es zeichnet sich ein Bild ab, ein Bild von einem Universum, das nicht kalt und sinnlos ist, sondern lebendig und bedeutungsvoll, weil es in dir und durch dich Bedeutungen erfährt. Der Lebenssinn ist nicht etwas, das *außerhalb* von dir in den Sternen verborgen liegt und darauf wartet, entdeckt zu werden. Er ist etwas, das *zwischen* dir und dem Universum geschieht. Du bist sowohl Empfänger als auch Sender von Sinn.

Stell dir nochmals die Melodie deines Lebens vor. Die Töne – Bewusstsein, Information, Identität, Resonanz, Verbundenheit – haben wir gestimmt und einzeln gehört. Jetzt lausche auf die ganze Melodie. Sie klingt nur, indem alle zusammenwirken.

Dein Lebenssinn ist diese einzigartige Melodie, die entsteht, wenn all diese Aspekte deines Seins in Einklang sind. Wenn du bewusst lebst und wahrnimmst, die Informationen der Welt nicht nur passiv konsumierst, sondern zu Bedeutung verknüpfst, wenn du deine Identität nicht als Abgrenzung, sondern als Verbindung begreifst, wenn du dich der Resonanz öffnest und die Verbundenheit annimmst – dann bist du *im Lied*. Dann bist du im Fluss des Daseins, und Sinn geschieht von selbst.

Oft stellen wir uns die Frage nach dem Sinn des Lebens, als wäre Sinn ein Rätsel, das es zu lösen gilt, oder ein Objekt, das wir eines Tages finden, so wie ein verlorener Schatz. Doch vielleicht ist Sinn eher wie das Licht einer Kerze, das wir selbst anzünden. Jeder Moment, in dem du mit klarem Bewusstsein und offenem Herzen lebst, trägt Sinn in sich. Jeder Moment, in dem du dich berühren lässt und andere berührst, in dem du dem Leben lauschst und antwortest, ist bedeutsam. In solchem Erleben mag dir leise dämmern: Der Sinn war nie versteckt – er webt sich die ganze Zeit durch dein Leben hindurch.

Vielleicht zeigt sich der Sinn gerade in den scheinbar kleinen Dingen – in dem Lächeln, das du einem Fremden schenkst und das vielleicht seinen grauen Tag erhellt, in der Blume, die du auf deinem Fensterbrett zum Blühen bringst und die dein Zimmer mit Lebendigkeit erfüllt, in einem ehrlichen Gespräch mit einem Freund, in dem ihr einander zuhört und wirklich seht, und in der Fürsorge für jemanden, den du liebst.

Solche Augenblicke mögen unscheinbar sein im Vergleich zur Unendlichkeit der Sterne, und doch sind sie voller Bedeutung. Denn in ihnen leuchtet das Licht des Daseins hell und wirklich. Es sind die Momente, in denen du Bedeutung schenkst – dir selbst und anderen. Wie Perlen reihen sie sich aneinander und ergeben im Rückblick den roten Faden deines Lebenssinns.

Und der **Zweck**? Gibt es einen Zweck des Daseins, einen Grund, warum das Universum existiert, warum du existierst? Vielleicht ist der Fehler im Wort selbst: „Zweck" klingt nach einem äußeren Ziel, nach Nützlichkeit. Als wäre das Leben nur Mittel zu einem Ende.

Wenn das Dasein sich selbst genügt, so wie eine Blume nicht blüht, um gesehen zu werden, sondern einfach, **weil sie in ihrer Natur liegt zu blühen?**

So könnte auch der Zweck deines Lebens nichts Äußeres sein – kein ferner Preis, kein kosmischer Auftrag, der dir auferlegt wurde – sondern die Entfaltung deines Wesens an sich. Deine Bestimmung könnte einfach sein: *zu sein*, in deiner einzigartigen Art und Weise, und dadurch dem Universum eine Form von sich selbst zu geben, die sonst nie existieren würde.

Wenn du in dieser Weise denkst, verschwimmt die Grenze zwischen Sinn und Zweck. Der Sinn deines Lebens ist nicht getrennt von seinem Zweck, denn beides entspringt dem, was du aus dir heraus erschaffst und lebst. Indem du deinem eigenen

Dasein Sinn gibst – durch deine Entscheidungen, durch deine Liebe, durch dein Streben nach Verständnis – erfüllst du vielleicht schon den tiefsten Zweck, den es geben kann: Du ermöglichst es dem Universum, sinnhaft zu sein. In deinem Lachen, in deinen Tränen, in deinem Fragen und Finden drückt sich das All aus.

Das mag wie eine große Verantwortung klingen, aber es ist in Wahrheit ein tiefes Geschenk. Denn es bedeutet: Du bist von Bedeutung. Dein Leben ist bedeutungsvoll, weil es nicht isoliert und zufällig ist, sondern ein lebendiger Knoten im großen Ganzen.

Vielleicht wird auch nach deinem letzten Atemzug etwas von dir weiterklingen – in den Erinnerungen der Menschen, die du berührt hast, oder als Teil der Geschichte, die das Leben auf dieser Erde schreibt. Jeder Mensch hinterlässt Spuren, so wie jeder Ton in einer Melodie Nachhall findet. Dein Dasein mag vergänglich sein wie eine einzelne Note, doch die Bedeutung, die du erschaffst, webt sich ein in das unendliche Lied des Universums.

All die Pfade, die wir gegangen sind – vom ersten Staunen deines Bewusstseins über den unsichtbaren Stoff der Information, von den Fragen deiner Identität über die Echos der Resonanz bis hin zum Wissen um die Verbundenheit allen Seins – sie münden hier, in dieser schlichten Wahrheit: Der Sinn deines Lebens ist kein Rätsel, das jemand anderes für dich lösen könnte. Er ist ein lebendiger Prozess, an dem du in jedem Augenblick mitwirkst. Er ist so dynamisch wie dein Bewusstsein, so reich wie die Informationen, die dich umgeben, so offen wie deine Identität, so bewegend wie die Resonanz, die du spürst, und so tief wie die Verbundenheit, die alles durchwebt.

Vielleicht fragst du dich immer noch: **Muss es nicht doch *mehr* geben? Einen höheren Plan, einen großen Entwurf?**

Es ist menschlich, nach dem Großen, Absoluten zu suchen. Manche nennen es Gott, andere Allah oder das kosmische Bewusstsein, wieder andere finden ihr Vertrauen in der Wissenschaft, die immer tiefer ins Geheimnis des Seins vordringt. All das sind Wege, dem Unendlichen einen Namen zu geben – verschiedene Sprachen für ein Wort, das wir vielleicht nie ganz aussprechen können.

Ob es einen solchen höheren Plan gibt, weiß vielleicht niemand mit letzter Gewissheit. Aber während du suchst, während du lernst und wächst, könntest du entdecken, dass genau dieses Suchen, Lernen und Wachsen bereits Teil des Plans ist – falls es einen gibt. Wie ein Funke, der zum Feuer beiträgt, trägt dein persönliches Fragen und Finden zum Leuchten des Gesamten bei. Vielleicht ist es gut so, dass nicht alle Rätsel gelöst sind. Denn das Unbekannte hält die Neugier wach und die Wunder lebendig. Ein Universum ohne Geheimnisse wäre wie ein Buch ohne neue Kapitel – doch gerade weil immer ein nächstes Kapitel auf uns wartet, bleibt das Leben voller Überraschungen und Sinn.

Am Ende dieses Kapitels – und am Anfang jedes nächsten Moments deines Lebens – stehst du wieder unter dem weiten Himmel. Die Sterne glänzen wie eh und je, doch in dir hat sich etwas verändert. Du weißt jetzt, dass die Frage nach dem Sinn nicht in der Ferne beantwortet wird, sondern in dir selbst.

Du trägst das Licht der Bewusstheit in dir, das jeden Ort erhellen kann, an den du gehst. Du trägst die Fähigkeit in dir, Information in Bedeutung zu verwandeln.

Du bist ein einzigartiges Ich und zugleich Ausdruck des Universums. Du kannst in Resonanz treten mit allem, was ist, und in dieser Resonanz deine Zugehörigkeit spüren. Du bist unauflöslich eingebunden in das Netz des Lebens. Daraus erwächst ein Vertrauen: dass du getragen bist von diesem Netz, dass du dich nicht verlieren kannst, egal wie weit du gehst, weil du immer im Ganzen aufgehoben bist.

Zwischenkapitel: Dankbarkeit im kosmischen Kontext

Erkenntnis im Verlust

Wir schätzen viele Dinge erst, wenn sie fehlen. Ein alltägliches Geräusch wie Vogelgezwitscher am Morgen oder das vertraute Lächeln eines Menschen – oft bemerken wir den Wert solcher Kleinigkeiten erst im Verlust.

Psychologische Beobachtungen bestätigen, dass schwierige Erfahrungen unsere Wertschätzung für das vermeintlich Selbstverständliche vertiefen. Nach überstandenen Traumata berichten Menschen häufig von einer größeren Dankbarkeit für das Leben und für alltägliche Momente.

Dieses Phänomen bezeichnen Forscher als posttraumatisches Wachstum: Aus Schmerz kann ein neuer Blick entstehen, der das Gewohnte nicht länger als gegeben annimmt.

Interessanterweise erkannten schon antike Philosophen diese Dynamik. Die Stoiker empfahlen etwa die Praxis der negativen Visualisierung: Sich vorzustellen, etwas Vertrautes zu verlieren, um dessen Wert im Jetzt besser zu würdigen. Wer sich gedanklich ausmalt, was ihm alles fehlen könnte, empfindet im nächsten Augenblick oft echte Dankbarkeit für das, was da ist – ein warmes Zuhause, Gesundheit, die Gegenwart naher Menschen.

Verlust – sei er real oder imaginiert – schärft unseren Blick für das, was unser Leben reich macht. Doch warum brauchen wir diesen Umweg über den Schmerz oder die Sorge, um dankbar zu sein? Ein Grund liegt tief in unserer psychologischen Ausstattung verborgen: unserer Tendenz, Negatives stärker zu gewichten als Positives.

Die Tendenz zum Negativen

Unser Gehirn ist von Natur aus kein neutraler Beobachter. Es neigt dazu, Gefahren und Unangenehmes lauter hervortreten zu lassen als sichere oder schöne Erfahrungen.

Die Psychologie spricht hier vom Negativitäts-Bias – der Verzerrung hin zum Negativen. Wir nehmen negative Reize schneller wahr und behalten sie länger im Gedächtnis als positive. Mit anderen Worten: Der Stachel einer Kritik schmerzt stärker und anhaltender als die Freude über ein Lob.

Diese angeborene Schieflage hat evolutionsbiologische Wurzeln. In der Geschichte unserer Spezies war es überlebenswichtig, Gefahren nicht zu übersehen – ein raschelnder Busch konnte einen Räuber verbergen, und wer Warnsignale ignorierte, zahlte womöglich mit dem Leben . Unser Gehirn ist daher darauf geeicht, bedrohliche oder negative Informationen bevorzugt zu verarbeiten.

Bereits in neurowissenschaftlichen Experimenten zeigte sich, dass negative Eindrücke stärkere Hirnreaktionen auslösen als positive. In einer Studie mit EEG/ERP-Messungen reagierte das Gehirn auf unangenehme Bilder mit deutlich höheren Ausschlägen als auf angenehm neutrale

Szenen. Anders gesagt: Das neuronale Alarmsystem springt bei negativen Reizen kräftiger an.

Die Folgen dieses Negativitäts-Bias spüren wir im Alltag. Wir alle kennen die Situation: Von zehn Dingen, die am Tag gut laufen, bleibt abends vor allem das eine hängen, das schiefging. Typischerweise neigen wir Menschen dazu, zum Beispiel:

- uns an traumatische Erfahrungen besser zu erinnern als an schöne Momente,

- Beleidigungen länger im Gedächtnis zu behalten als Lob,

- auf negative Reize heftiger zu reagieren, und

- unangenehme Ereignisse häufiger und intensiver zu durchdenken als positive.

Diese Tendenzen führen dazu, dass wir vieles, was gut ist, als selbstverständlich durchfiltern. Was reibungslos funktioniert, zieht kaum unsere Aufmerksamkeit auf sich. Erst wenn es fehlt oder gestört wird – sei es die eigene Gesundheit, der stabile Job oder sogar die Luft zum Atmen – dringt die Bedeutung ins Bewusstsein. Der

Negativitätsfokus unseres Gehirns ist also mitverantwortlich dafür, dass Dankbarkeit kein dauerhaft natürlicher Zustand ist. Wir müssen gewissermaßen innehalten und gegensteuern, um das Positive nicht zu übersehen. Genau hier setzen moderne Forschung und alte Weisheit gleichermaßen an: Sie zeigen uns Wege, wie wir den Blick wieder auf das richten können, was bereits da ist – und welche erstaunlichen Effekte dies auf unser Wohlbefinden hat.

Die Wissenschaft der Dankbarkeit

In den letzten Jahren haben Psychologie und Neurowissenschaft begonnen, die heilsame Wirkung von Dankbarkeit systematisch zu erforschen. Ihre Befunde untermauern, was intuitive Lebensweisheit längst vermutet: Dankbarkeit tut uns gut. In der Glücksforschung gilt Dankbarkeit sogar als verlässlich mit höherem Wohlbefinden verknüpft.

Menschen, die regelmäßig Dankbarkeit empfinden oder ausdrücken, berichten tendenziell von mehr Lebenszufriedenheit und positivem Empfinden – und das spiegelt sich auch in objektiven Lebensaspekten wider. So hilft Dankbarkeit laut Studien, positive Emotionen zu verstärken, gute Erfahrungen bewusster zu genießen, mit Stress besser umzugehen und sogar Beziehungen zu vertiefen . Einige der dokumentierten Vorteile von Dankbarkeit sind zum Beispiel:

- Mehr positive Gefühle und Lebenszufriedenheit: Dankbare Menschen fühlen sich glücklicher, optimistischer und berichten häufiger von Freude im Alltag.

- Verbessertes seelisches und körperliches Wohlbefinden: Dankbarkeit geht einher mit weniger Stress, besserer Schlafqualität und sogar niedrigeren Entzündungswerten im Körper, wie manche Untersuchungen nahelegen.

- Bessere Bewältigung von Widrigkeiten: Wer dankbar ist, kann Herausforderungen resilienter meistern und behält eher einen realistischen, aber hoffnungsvollen Blick auf schwierige Situationen.

- Stärkere soziale Bindungen: Dankbarkeit fördert prosoziale Gefühle – sie lässt uns Verbundenheit, Empathie und Vertrauen intensiver erleben, was Freundschaften und Familienbanden stärkt.

Diese Effekte sind nicht bloß subjektiv empfunden, sondern in Experimenten nachweisbar. Eine oft zitierte Studie ließ Teilnehmer über mehrere Wochen ein Dankbarkeits-Tagebuch führen.

Das Ergebnis: Nach zehn Wochen fühlten sich diejenigen, die regelmäßig Dinge notierten, für die sie dankbar waren, deutlich optimistischer und insgesamt wohler – und sie hatten seltener Arztbesuche nötig – im Vergleich zu einer Kontrollgruppe, die über Ärgernisse schrieb.

Einfache Dankbarkeits-Übungen können demnach messbare Auswirkungen auf die psychische und physische Gesundheit haben.

Neurowissenschaftlich betrachtet hinterlässt Dankbarkeit ebenfalls Spuren im Gehirn. Moderne Bildgebungsstudien zeigen, dass Gefühle der Dankbarkeit spezifische Hirnregionen aktivieren. So werden bei dankbaren Empfindungen die Amygdala und der Hippocampus angesprochen – Bereiche, die an der Regulation von Emotionen und der Bildung von Erinnerungen beteiligt sind .

Gleichzeitig registriert das Gehirn einen Abfall von Stresshormonen: Dankbarkeit kann die Ausschüttung von Cortisol, dem klassischen Stresshormon, herunterregulieren und dadurch Ängste und Anspannung lindern.

Stattdessen werden vermehrt Glücksbotenstoffe freigesetzt. Dopamin und Serotonin, die Neurotransmitter des Belohnungssystems, steigen an, wenn wir uns dankbar fühlen. Dieses biochemische Muster ähnelt der Wirkung mancher Antidepressiva – kein Wunder also, dass regelmäßige Dankbarkeitsübungen in Studien mit einem Rückgang von Depressionssymptomen einhergehen.

Auch längerfristig scheint Dankbarkeit das Gehirn positiv zu beeinflussen. In einer Untersuchung mit fMRI-Scans fanden Forscher heraus, dass Menschen mit ausgeprägter Dankbarkeit eine stärkere Aktivierung im medialen präfrontalen Cortex zeigen, wenn sie altruistisch handeln.

Dieser Hirnbereich ist unter anderem für Lernen und Entscheidungsfindung wichtig. Die erhöhte Aktivität wurde speziell bei dankbaren Personen beobachtet und unterschied sich von Mustern bei anderen positiven Gefühlen wie etwa bloßer Freude oder Schuld.

Die Wissenschaftler deuten dieses Ergebnis so, dass das Üben von Dankbarkeit das Gehirn auf Dankbarkeit „trainieren" kann – es wird sensibilisiert, Momente der Dankbarkeit leichter wiederzuerkennen und intensiver zu erleben. Langfristig könnte dies erklären, warum dankbare Menschen oft psychisch widerstandsfähiger und zufriedener sind: Ihr Gehirn hat gelernt, das Positive stärker in den Vordergrund zu rücken.

Nicht zuletzt bestätigen solche Befunde eine Kernaussage der positiven Psychologie: Dankbarkeit ist kein oberflächliches Gefühl, sondern eine Kraft, die tief in unsere neurobiologischen Prozesse eingreift und unser Wohlbefinden nachhaltig prägt . Die Mehrheit der Studien zeigt einen klaren Zusammenhang – Dankbarkeit geht mit einem gesteigerten persönlichen Wohlbefinden einher .

Echte Dankbarkeit vs. erzwungene Positivität

Bei all den Lobeshymnen auf die Dankbarkeit ist jedoch eine wichtige Unterscheidung zu beachten:

authentische Dankbarkeit ist nicht gleichbedeutend mit blinder, erzwungener Positivität. In unserer heutigen „Good Vibes Only"-Kultur besteht die Gefahr, Dankbarkeit falsch zu verstehen – nämlich als Aufforderung, um jeden Preis positiv zu denken und alles Negative zu ignorieren. Diese Haltung wird oft als toxische Positivität bezeichnet. Gemeint ist eine Art Zwang zum Optimismus, bei dem man sich selbst keine negativen Gefühle mehr erlauben darf . Schmerzen, Trauer, Wut – all das wird unter den Teppich gekehrt, um die Fassade des ständigen Glücklichseins aufrechtzuerhalten.

Erzwungene Positivität leugnet die Komplexität des menschlichen Erlebens und drängt echte Emotionen in den Untergrund . Wer diesem Diktat folgt, begegnet den Unvermeidlichkeiten des Lebens – Verlust, Enttäuschung, Zweifel – nur mit hohlen Phrasen: „Denk positiv! Anderen geht es doch viel schlechter als dir." Solche Ratschläge mögen gut gemeint sein, doch für die Betroffenen sind sie oft verletzend. Sie bagatellisieren reale Probleme und vermitteln dem Menschen in Not das Gefühl, seine ehrlichen Empfindungen seien falsch oder unerwünscht. Das Resultat ist keineswegs Glück, sondern innere Spannung: Man fühlt sich schuldig, nicht dankbar genug zu sein, während man in Wahrheit Leid oder Frust empfindet.

Echte Dankbarkeit unterscheidet sich grundlegend von solch erzwungener Fröhlichkeit. Genuine Dankbarkeit verlangt nicht, die Realität schönzufärben. Im Gegenteil, sie setzt die Anerkennung der ganzen Wirklichkeit voraus – mit ihren Licht- und Schattenseiten.

Wer wahrhaft dankbar ist, überspringt nicht die schwierigen Gefühle, sondern durchlebt sie und findet trotz allem einen Grund zur Wertschätzung. Psychologen beschreiben es so: Toxische Positivität ermutigt dazu, echte Probleme zu übersehen und starke Emotionen zu unterdrücken, während authentische Dankbarkeit zwar die Herausforderungen sieht, aber dennoch das Gute würdigt, das gleichzeitig existiert.

Dankbarkeit bedeutet also nicht, sich alles Schlechte „schön zu reden". Sie bedeutet, anzuerkennen, was ist – das Unvollkommene, den Schmerz, die Unsicherheit – und dennoch bewusst das Geschenk im Moment zu erkennen. Diese Haltung kann zum Beispiel heißen: „Ja, ich befinde mich in einer schwierigen Lage, und es gibt Leid – und dennoch gibt es Dinge, für die ich dankbar bin, sei es noch so klein."

Wahre Dankbarkeit erfordert damit emotionale Ehrlichkeit und Demut. Sie darf niemals Zwang sein, sondern entsteht freiwillig, fast wie eine Gnade. Man kann sie nicht herbeizwingen, aber man kann sich für sie öffnen. Wenn wir uns gestatten, alle Gefühle zu fühlen – Traurigkeit, Enttäuschung, Angst – verliert das Dunkle paradoxerweise etwas von seiner Macht.

Im Raum dieser Ehrlichkeit kann dann ein Lichtstrahl der Dankbarkeit auftauchen: vielleicht die Erkenntnis, dass man an einer Krise gewachsen ist, oder die Wertschätzung der Menschen, die einen trotz allem begleiten. Diese authentische Dankbarkeit ist frei von Selbstbetrug. Sie ist kein Lächeln, das man sich aufsetzt, sondern ein leises inneres Nicken, ein Ja zum Leben trotz allem.

Kosmische Perspektive: Demut und Staunen

Aus der Perspektive des Weltraums erscheint die Erdatmosphäre als dünner, zerbrechlicher blauer Schleier. Die überwältigende Weite des Kosmos relativiert unsere vermeintliche Größe. Die Dankbarkeit erhält eine weitere, tiefere Dimension, wenn wir den Blick über unser persönliches Leben hinaus in die kosmische Perspektive weiten. Ein klarer Nachthimmel, bestirnt und tiefschwarz, oder das berühmte Foto der Erde als winziger „blauer Punkt" im All – solche Anblicke können ein Gefühl von Ehrfurcht und Demut auslösen.

Plötzlich erkennen wir: Wie klein sind wir doch in diesem Universum! Alle unsere Sorgen, unsere Errungenschaften, selbst ganze Zivilisationen spielen sich auf einem Staubkorn ab, das im unermesslichen Raum schwebt . Diese Erkenntnis kann zunächst erschüttern – unsere Bedeutungslosigkeit im großen Ganzen wird offensichtlich. Doch gerade aus dieser kosmischen Demut kann tiefe Dankbarkeit erwachsen.

Der Astronom Carl Sagan beschrieb eindrücklich, wie Astronomie als Erfahrung uns demütig macht. Angesichts des winzigen, verletzlichen Planeten Erde verblassen unsere eingebildeten Selbstbedeutungen; stattdessen fühlen wir Verantwortung, die „blasse blaue Kugel" zu schützen und zu schätzen – den einzigen Heimatort, den wir haben. Dieses Bewusstsein, dass alles Leben, das wir kennen, auf einem kleinen Weltfleck inmitten der Dunkelheit existiert, lässt uns Alltägliches in neuem Licht sehen. Was zählt wirklich, wenn man es von den Sternen aus betrachtet? Sicher nicht Macht, Besitz oder Ego. Was zählt, sind Verbundenheit, das Wunder des Lebens an sich – und daraus folgt fast zwangsläufig Dankbarkeit, hier und jetzt sein zu dürfen.

Tatsächlich berichten Astronauten, die die Erde aus dem Orbit betrachten, häufig von einer überwältigenden Gefühlsmischung aus Staunen, Zerbrechlichkeit und Verbundenheit. Dieses Phänomen wird der Overview-Effekt genannt: Aus dem All sieht man keine Ländergrenzen, nur die leuchtend blaue Erde mit ihrem hauchdünnen Atmosphärenband vor der Schwärze des Alls.

Viele Raumfahrer erleben dabei eine Art spirituelle Einsicht – sie spüren, wie kostbar und fragil die Heimatwelt ist, und fühlen sich tief verbunden mit der gesamten Menschheit. Nach ihrer Rückkehr berichten sie von neuer Wertschätzung für unseren Planeten und einem veränderten Bewusstsein dafür, „was wirklich wichtig ist". Die kosmische Perspektive relativiert unsere persönlichen Probleme, aber anstatt uns nihilistisch werden zu lassen („wir sind ja nichts"), kann sie uns geradewegs zur Dankbarkeit durch Demut führen: Wir erkennen, dass jedes Leben – unser eigenes eingeschlossen – ein seltenes Geschenk in einem riesigen, meist leeren Universum ist.

Auch die harte Wissenschaft liefert Stoff für staunende Dankbarkeit. Die Elemente, aus denen unser Körper besteht – der Kohlenstoff in jeder Zelle, das Kalzium in unseren Knochen, das Eisen in unserem Blut – wurden vor Milliarden Jahren im Inneren von Sternen geschaffen.

Als diese Sterne in gewaltigen Supernova-Explosionen starben, schleuderten sie die kostbaren Bausteine des Lebens ins All, wo sie neue Sonnensysteme und Planeten formen konnten – schließlich auch die Erde und uns.

Wir wissen bereits, wir bestehen im wahrsten Sinne des Wortes aus Sternenstaub. Dieses wissenschaftliche Faktum liest sich beinahe wie Poesie: Es heißt, das Universum habe uns aus seinen eigenen Überresten hervorgebracht. Wenn wir nachts in den Himmel blicken, schauen wir gewissermaßen auf unsere eigene Herkunft. In uns flimmern die Atome längst verglühter Sonnen.

Kann die Erkenntnis dieser tiefen Verbindung zur kosmischen Geschichte anders als ehrfürchtige Dankbarkeit auslösen? Dankbarkeit dafür, Teil dieses großen, geheimnisvollen Gefüges zu sein – auch wenn wir es nie ganz begreifen.

Alles, was wir haben, ist das Hier und Jetzt, dieses kleine Leben auf diesem kleinen Planeten. Gerade diese Einsicht kann ein Durchgang zur Dankbarkeit sein. Wenn nichts selbstverständlich ist, wird jedes Weiteratmen, jeder Sonnenaufgang, jeder zwischenmenschliche Moment zu etwas Bedeutsamem.

Die Stille der Sterne macht uns bewusst, wie ungeheuer selten und wertvoll unsere Existenz ist. Anstatt uns also im Angesicht der eigenen Winzigkeit verloren zu fühlen, können wir uns geborgen fühlen – geborgen in dem Wissen, Teil des Universums zu sein, das Universum in uns zu tragen.

So verstanden ist Dankbarkeit nicht mehr nur eine Reaktion auf ein persönliches Geschenk, sondern ein Staunen darüber, dass es überhaupt etwas gibt statt nichts – und dass wir daran teilhaben dürfen.

Dankbarkeit als Bewusstseinszustand

All die genannten Aspekte – die Wertschätzung oft erst im Verlust, die Überwindung des Negativitäts-Bias, die psychischen und neuronalen Wirkungen, die Abgrenzung von falscher Positivität und die Demut vor dem Universum – münden in einer zentralen Erkenntnis: Dankbarkeit ist mehr als eine Technik, sie ist ein Bewusstseinszustand. Natürlich können konkrete Übungen wie ein Dankbarkeitstagebuch oder regelmäßiges Danke sagen dabei helfen, diesen Zustand zu kultivieren.

Doch im Kern geht es nicht um Pflichterfüllung oder Rituale, sondern um eine innere Haltung, die nach und nach unser ganzes Erleben durchdringt. Wenn Dankbarkeit zu einem Grundton unseres Denkens und Fühlens wird, verändert sich die Art und Weise, wie wir die Welt sehen.

Statt primär den Mangel und das Fehlende zu registrieren, beginnt man, das Vorhandene in den Vordergrund zu rücken – ohne das Fehlende zu negieren. Dankbarkeit als Bewusstseinszustand heißt: mit wachen Sinnen leben und die Fülle im Moment erkennen, und sei sie noch so unscheinbar. Ein solcher Mensch mag immer noch Ziele haben und Verbesserungen anstreben, aber er ist nicht mehr blind für das Gute, das schon da ist. Es geht dabei um Anwesenheit im Augenblick: Wer dankbar ist, verweilt mit der Aufmerksamkeit eher im Hier und Jetzt, denn genau hier entfaltet sich das Gefühl der Wertschätzung.

In diesem Sinne hat Dankbarkeit eine enge Verwandtschaft mit Achtsamkeit. Beide Ansätze laden dazu ein, das Leben bewusst und unlärmend wahrzunehmen, anstatt gedanklich im Mangel der Vergangenheit oder den Sorgen der Zukunft zu verharren.

Anders als eine flüchtige Emotion ist dieser Dankbarkeits-Geisteszustand vergleichbar mit einem stetigen inneren Licht, das auch in schweren Zeiten nicht ganz erlischt. Es ist die tiefe Verankerung des Wissens, dass selbst im Schmerz noch irgendetwas bleibt, wofür man danken kann – mögen es auch nur Lektionen, Erinnerungen oder die Hand eines Freundes sein, die einen hält.

Dieses Wissen verleiht Würde und Ruhe. Es verhindert Verzweiflung, ohne die Realität zu beschönigen. Dankbarkeit als Zustand bedeutet, das Leben selbst als Geschenk zu begreifen. So wird sie zu einer Form von Weisheit: eine ruhige, klare Einsicht, die unabhängig von äußeren Umständen bestehen kann.

Philosophisch gesehen verweist Dankbarkeit in diesem Sinne auf die Einsicht, dass wir nicht der Mittelpunkt des Universums sind, aber dennoch mit ihm verbunden. Sie anerkennt die zahllosen sichtbaren und unsichtbaren Quellen, aus denen unser Dasein gespeist wird – von der Luft, die wir atmen, über die Menschen, die uns prägen, bis zu den Sternelementen in unseren Zellen.

Dankbarkeit ist dann kein kurzfristiges „Dankbar-Sein für X oder Y" mehr, sondern ein Seinszustand: eine Grundhaltung von Wertschätzung, Demut und Verbundenheit. In ihr liegt eine tiefe Zufriedenheit, die nicht mit passiver Genügsamkeit verwechselt werden darf. Dankbarkeit schließt den Wunsch nach Verbesserung oder Veränderung nicht aus – sie schafft lediglich einen Boden aus Wohlwollen, auf dem diese Bestrebungen weniger von Gier oder Angst getrieben sind.

Am Ende geht es darum, Dankbarkeit zu sein, nicht nur zu tun. Wenn wir wahrhaft dankbar sind, dann ist jeder Atemzug, jedes Aufwachen am Morgen durchdrungen von einem leisen Gefühl:

Es ist nicht selbstverständlich. Wir erkennen die Fragilität und Kostbarkeit unseres Daseins – und genau daraus erwächst in uns ein zärtliches Staunen und eine tiefe, stille Freude. In solch einem Bewusstseinszustand der Dankbarkeit kann selbst das Alltägliche – das Geräusch von Regen am Fenster, der Geschmack von Brot, der Anblick eines vertrauten Gesichts – zu einer Quelle der Erfüllung werden.

Diese Art von Dankbarkeit ist weder Pflichtübung noch gelegentlicher Feiertagsakt, sondern eine Weise, die Welt zu betrachten. Sie ist wie ein innerer Kompass, der unseren Fokus immer wieder sanft auf das richtet, was ist, anstatt auf das, was fehlt. Und sie verbindet uns – mit uns selbst, mit unseren Mitmenschen und mit dem Universum, das all dies erst ermöglicht hat.

So schließt sich der Kreis: Indem wir Dankbarkeit üben und schließlich verkörpern, durchbrechen wir den Negativitäts-Bias des Gehirns, würdigen wir das Geschenk des Lebens sogar in schweren Stunden, und spüren wir unsere eingebettete Rolle im großen Ganzen. Dankbarkeit als Bewusstseinszustand lässt uns erfahren, dass – in den Worten eines unbekannten Weisen – „nicht die Glücklichen dankbar sind, sondern die Dankbaren glücklich sind."

In einer Welt voller Ungewissheit mag Dankbarkeit uns keinen direkten Einfluss auf kosmische oder schicksalhafte Ereignisse geben. Aber sie verändert unsere Innenwelt. Sie erdet uns im Augenblick, sie öffnet unsere Augen für das Wunderbare im Gewöhnlichen, und sie verbindet uns mit etwas, das größer ist als wir selbst. Diese ruhige, klare Einsicht ist frei von jedem Anflug von Esoterik – sie ist schlicht die Anerkennung dessen, was ist. Und vielleicht liegt gerade darin, in dieser unspektakulären Wahrheit, das tiefste Geschenk: dass wir inmitten des unendlichen Universums Dankbarkeit empfinden können – und damit letztlich unser eigenes kleines Universum des Bewusstseins ein Stück heller machen.

Quellen: Die in diesem Kapitel enthaltenen Informationen beruhen auf psychologischen Studien, neurowissenschaftlichen Erkenntnissen sowie philosophischen und astrophysikalischen Überlegungen. Exemplarische Belege aus der Literatur und Forschung wurden direkt im Text referenziert – von Untersuchungen zum Negativitäts-Bias des Gehirns über Studien zu den Effekten von Dankbarkeit auf Wohlbefinden und Gesundheit bis hin zu Berichten von Astronauten und Wissenschaftlern über die demutsvolle Wirkung der kosmischen Perspektive . Diese Verweise laden dazu ein, das Thema bei Interesse noch weiter zu vertiefen und die faszinierenden Hintergründe von Dankbarkeit im kosmischen Kontext im Detail nachzuvollziehen.

Kapitel 8 – Alles hat einen Grund

Es gibt Momente im Leben, die wirken wie Zufälle
– flüchtig, unerklärlich, manchmal unbedeutend
auf den ersten Blick. Ein Mensch ruft an, genau in
dem Moment, in dem wir an ihn gedacht haben.
Eine Nachricht erreicht uns zur rechten Zeit, als
wäre sie aus einem inneren Ruf entstanden. Oder
wir erleben einen Rückschlag, der uns zwingt,
langsamer zu werden, innezuhalten, neu zu
justieren. In solchen Augenblicken fragen wir uns:
Warum passiert das gerade jetzt? Und vor allem:
Was hat das mit mir zu tun?

In der Rückschau erkennen viele von uns: Die
Dinge, die sich im Moment chaotisch, hart oder
sinnlos anfühlten, hatten später oft eine
Bedeutung, die wir damals noch nicht begreifen
konnten. Vielleicht war es die gescheiterte
Beziehung, die uns den Raum gab, zu uns selbst
zurückzufinden. Oder der Jobverlust, der zur
längst fälligen Neuorientierung führte. Manchmal
ist es auch nur ein scheinbar beiläufiger Satz eines
Fremden, der sich tief einprägt und Jahre später
plötzlich eine Rolle spielt, weil wir ihn in einem
völlig neuen Licht sehen.

Die Wissenschaft beschreibt solche Zusammenhänge oft im Rahmen der Kausalität – der Vorstellung, dass jedes Ereignis eine Ursache hat. Doch im komplexen Gewebe unseres Lebens verlaufen diese Ursachen selten linear. Stattdessen wirken viele Kräfte gleichzeitig und ineinander: unsere innersten Gedanken, Prägungen aus der Kindheit, biologische Reaktionen, die Gesellschaft, in der wir leben, Begegnungen, Zufälle, Worte, Blicke, Sehnsüchte.

Und manchmal sind es eben diese Begegnungen zwischen dem Innen und dem Außen, die nicht durch klassische Logik erklärt werden können – aber dennoch eine tiefe Bedeutung für uns tragen.

Carl Gustav Jung nannte dieses Phänomen *Synchronizität* – das gleichzeitige Auftreten zweier Ereignisse, die nicht durch eine erkennbare Ursache miteinander verbunden sind, aber im subjektiven Erleben des Menschen eine bedeutsame Verbindung haben. Ein innerer Zustand trifft auf ein äußeres Ereignis, und plötzlich ergibt alles einen Sinn. **Nicht, weil es beweisbar wäre, sondern weil es sich für uns stimmig anfühlt.**

Wer kennt das nicht? Man trägt eine Entscheidung schon lange im Herzen, schwankt, zweifelt – und dann sagt jemand genau den Satz, den man hören musste. Nicht weil er es wusste, sondern weil es dran war. Oder man begegnet einem Menschen, der auf eine unerklärliche Weise genau das widerspiegelt, was man innerlich gerade durchlebt – als hätte das Leben einen Spiegel aufgestellt. Diese Erlebnisse bringen uns aus dem Kopf zurück ins Herz. Sie erinnern uns daran, dass es mehr gibt als Kontrolle, Logik und To-do-Listen.

Auch moderne Forschungsbereiche wie die Systemtheorie oder die Chaostheorie zeigen: In dynamischen Systemen wie dem menschlichen Leben entstehen oft Muster, die nicht vorhersehbar sind. Kleine Auslöser – ein Gedanke, ein Blick, eine Begegnung – können große Veränderungen bewirken. Das, was wir als Ursache wahrnehmen, ist oft nur ein Ausschnitt eines viel größeren Bildes.

Doch was bedeutet das für unser Leben?

Es bedeutet zunächst einmal: Nicht alles muss sofort Sinn ergeben. Nicht jedes Problem muss sofort gelöst, nicht jede Frage sofort beantwortet werden. Manchmal dürfen wir innehalten, aushalten, warten. Manchmal dürfen wir einfach nur atmen – und zulassen, dass sich etwas ordnet, ohne dass wir wissen wie. Denn vieles im Leben wächst im Verborgenen, während wir glauben, stillzustehen.

Dieses Vertrauen in einen tieferen Zusammenhang – auch wenn wir ihn nicht beweisen können – nennt man Urvertrauen. Es ist kein naiver Optimismus und keine spirituelle Vertröstung, sondern eine innere Haltung: **das Leben anzunehmen, auch wenn es sich nicht erklärt.** Es bedeutet nicht, dass alles schön oder leicht sein muss. Aber es erlaubt uns, mit dem zu leben, was gerade da ist – ohne sofort dagegen anzukämpfen oder es zu bewerten.

Alles hat einen Grund. Das ist weniger eine Tatsache als eine Entscheidung. Eine Entscheidung, das Leben nicht nur rückblickend zu verstehen, sondern auch im Jetzt mit Offenheit zu begegnen. Eine Bereitschaft, den Dingen zu vertrauen – auch wenn sie sich noch nicht zeigen.

Und was können wir konkret tun, um ein schönes Leben zu führen?

Wir können lernen, zuzuhören – nicht nur den Worten anderer, sondern auch unserem eigenen inneren Kompass. Wir können uns erlauben, nicht alles zu verstehen – aber dennoch weiterzugehen. Wir können Beziehungen nicht nur nach ihrer Dauer, sondern nach ihrer Tiefe bewerten. Wir können kleine Zeichen ernst nehmen, ohne sie gleich erklären zu müssen. Wir können lernen, zu lieben, ohne festzuhalten – und loszulassen, ohne zu verlieren.

Ein schönes Leben ist kein perfektes Leben. Es ist ein Leben mit Wellen, Umwegen, Dunkelheit und Licht. Es ist ein Leben, in dem wir mutig genug sind, offen zu bleiben. Offen für das, was kommen will – und für das, was gehen darf.

Und vielleicht, wenn wir uns rückblickend umsehen, erkennen wir in all dem, was wir erlebt haben, ein Muster, das wir selbst nie hätten planen können. Vielleicht war genau das der Sinn: nicht alles zu wissen, sondern genug zu vertrauen, um weiterzugehen.

Denn manchmal zeigt sich die Bedeutung eines Moments nicht im Moment selbst – sondern in dem, was er in uns bewegt hat.

Und vielleicht war genau das der Grund.

Alles ist verbunden: Kreativität, Bewusstsein und die tiefere Ordnung

Manchmal fließt beim künstlerischen Schaffen der kreative Prozess wie von selbst, ohne dass bewusst darüber nachgedacht wird. Formen entstehen, Farben finden zueinander, Strukturen entwickeln ein Eigenleben. Der Künstler wird zum Kanal, durch den etwas Größeres wirkt – etwas, das sich der bewussten Kontrolle entzieht und doch eine stille, innere Logik folgt.

Diese Rückwärtserkenntnis – die Einsicht im Nachhinein, dass eine tiefere Ordnung im Spiel war – ist kein Zufall. Sie offenbart, dass Kreativität und Bewusstsein nicht isolierte Kräfte sind, sondern Ausdruck eines größeren Zusammenhangs.
In der Kunst wie im Leben sind alle Dinge miteinander verwoben: jede Linie, jede Entscheidung, jede Intuition.

In dieser Verbindung liegt die eigentliche Schönheit:
Kreativität entspringt nicht nur dem bewussten

Wollen, sondern einem stillen Wissen. Einer Ordnung, die uns durchströmt, auch wenn wir sie nicht immer sehen.

So entstehen Werke, in denen – wie bei diesen beiden scheinbar unabhängigen Designs – Linien,

Farben und Bewegungen wie selbstverständlich ineinandergreifen.

Zwei separate Schöpfungen offenbaren plötzlich eine Einheit, die tiefer reicht als jede bewusste Planung.

Alles ist verbunden.
Kreativität, Bewusstsein und die tiefere Ordnung sind verschiedene Gesichter ein und derselben Wahrheit.

Im Folgenden betrachten wir interdisziplinär, wie Loslassen statt kontrolliertem Denken zu Erkenntnis führen kann, warum kreative Prozesse oft vernetzte Hinweise liefern und welche wissenschaftlichen Konzepte aus Physik und Psychologie diese Phänomene stützen.

Kreativer Flow: Wenn Loslassen zur Erkenntnis führt

Viele Kreative und Sportler kennen den Flow-Zustand, in dem Handeln und Denken mühelos verschmelzen . In solchen Momenten tritt das bewusste Kontrollieren in den Hintergrund – man lässt los und geht ganz in der Tätigkeit auf. Studien zeigen, dass zwei Voraussetzungen typisch für Flow sind: Expertise und Loslassen . Mit genügend Übung kann man also seine Fähigkeiten dem Moment anvertrauen, ohne ständig analytisch einzugreifen.

Das Ergebnis: **Die Aktivität läuft fast automatisch, Zeit und Umgebung geraten in Vergessenheit, und dennoch entsteht etwas Überraschend Stimmiges.**

Diese Mühelosigkeit im Flow hängt eng mit unbewussten Prozessen im Gehirn zusammen.

Kreative Durchbrüche erfolgen oft gerade dann, wenn man nicht krampfhaft nach einer Lösung sucht. Psychologische Untersuchungen zum kreativen Problemlösen beschreiben das „Inkubations"-Phänomen: Nach intensiver Vorbereitung lässt man das Problem ruhen, richtet die Aufmerksamkeit auf etwas anderes – und plötzlich, meist unerwartet, taucht die Lösung als Geistesblitz auf. Ein berühmtes Beispiel:

Ein Mathematiker zerbrach sich vergeblich den Kopf, ging dann spazieren – und beim Betreten eines Busses schoss ihm die Erkenntnis durch den Kopf, ohne bewusste Anstrengung. Solche Anekdoten wurden zahlreich dokumentiert, und Kreativitätsforscher haben daraus ein Vier-Stufen-Modell abgeleitet: Vorbereitung, Inkubation (das Problem ruht im Hinterkopf), Illumination (der Einfall kommt plötzlich) und Verifikation. Bemerkenswert ist, dass während der Inkubationsphase unbewusste Hirnprozesse weiterarbeiten – oft erfolgreicher, weil das bewusste Grübeln pausiert.

Mit anderen Worten: Erkenntnis entsteht nicht immer durch Willenskraft, sondern häufig durch Loslassen und Vertrauen auf tieferliegende mentale Prozesse. Der Designer, der im Flow ohne

Plan kreiert und später die Bedeutung erkennt, hat genau dies erlebt. Sein Bewusstsein hat erst im Nachhinein verstanden, was sein Unbewusstes vielleicht die ganze Zeit wusste oder anstrebte. Dieses Prinzip „Lass los, damit es entstehen kann" gilt in vielen Bereichen – von der Kunst bis zur Wissenschaft – und deutet darauf hin, dass unsere bewusste Kontrolle nur ein Teil des Erkenntnisprozesses ist. Das Loslassen öffnet die Tür zur tieferen Ordnung, aus der die Lösung oder Bedeutung von selbst hervortreten kann.

Synchronizität: Bedeutungsvolle Zufälle zwischen Innen und Außen

Nicht nur innerpsychische Prozesse, auch die Verbindung zwischen Psyche und Außenwelt liefert Hinweise auf eine verborgene Ganzheit. Ein bemerkenswertes Konzept in diesem Zusammenhang ist die Synchronizität. Darunter versteht man das Auftreten von zufällig gleichzeitigen Ereignissen, die zwar keine kausale (ursächliche) Verbindung haben, vom erlebenden Menschen jedoch als sinn- und bedeutungsvoll verknüpft wahrgenommen werden . Einfacher gesagt: Innere Vorgänge (Gedanken, Träume,

Gefühle) und äußere Ereignisse spielen plötzlich inhaltlich zusammen, obwohl sie sich nicht gegenseitig verursacht haben – als würde ein unsichtbarer Regisseur sie passend anordnen.

Ein klassisches Beispiel: Jemand träumt intensiv von einem alten Freund, den er jahrelang nicht gesehen hat. Am nächsten Tag erhält er unerwartet eine Nachricht genau von diesem Freund. Zufall? Statistisch gesehen kommen solche Koinzidenzen natürlich vor. Doch wenn sie gehäuft und in bedeutsamer Weise stattfinden – etwa immer dann, wenn bestimmte Gedanken oder seelische Prozesse im Gange sind – spricht man von Synchronizität. Das Wesentliche ist, dass die betroffene Person in den parallelen Ereignissen einen Sinn erkennt, der über reinen Zufall hinausgeht. So ein Erlebnis kann das Gefühl vermitteln, dass äußere Realität und innere Seele im Einklang stehen, als gäbe es eine verborgene Synchronisation.

Synchronizität als Prinzip deutet auf einen akausalen Zusammenhang hin : Dinge sind sinnhaft aufeinander bezogen, ohne durch direkte Ursache-Wirkung verknüpft zu sein. Dieses Prinzip stellt das klassische Kausalitätsdenken nicht auf den Kopf, sondern erweitert es. Natürlich geschehen die meisten Ereignisse weiterhin aus konkreten Ursachen. Aber Synchronizität legt nahe, dass es zusätzlich ein Ordnungsprinzip gibt, in dem Bedeutung eine Rolle spielt – eine Art tiefere Struktur, wo Psyche und Materie zwei Seiten derselben Medaille sind.

Ein innen erlebtes Bild (etwa ein starkes Gefühl oder Archetyp im Traum) kann sich außen in einem Ereignis spiegeln, ohne dass das eine das andere verursacht. Solche Erfahrungen, sofern man ihnen Beachtung schenkt, untermauern das Empfinden, dass unser Bewusstsein eingebettet ist in ein größeres Geflecht von Beziehungen. Zufall erhält hier eine neue Lesart: als möglicherweise sinnvoller Zufall, geboren aus einer ganzheitlichen Ordnung, die sowohl Geistiges als auch Materielles umfasst.

Quantenverschränkung: Verbundenheit jenseits von Raum und Zeit

Wechseln wir von der Psyche zur Physik: Auch in der fundamentalen Struktur der Materie findet sich überraschende Verbundenheit. In der Quantenphysik gibt es das Phänomen der Quantenverschränkung, bei dem zwei (oder mehr) Teilchen zu einem Gesamtsystem gekoppelt sind.

Misst man den Zustand des einen Teilchens, dann ist ist auch der Zustand des anderen bestimmt – unabhängig von der Distanz, die die Teilchen trennt . Zahlreiche Experimente haben diese seltsamen Quanten-Korrelationen bestätigt . Das Erstaunliche: Es spielt keine Rolle, ob die Teilchen ein Labor voneinander oder Lichtjahre getrennt sind; ihre Zustände bleiben verbunden . Selbst wenn die Messungen an beiden Teilchen nahezu gleichzeitig stattfinden, so dass keine Lichtgeschwindigkeit ausreichen würde, um ein Signal zwischen ihnen zu übertragen, zeigen sich dennoch abgestimmte Ergebnisse .

Diese „spukhafte Fernwirkung" – wie sie einst genannt wurde – durchbricht unser klassisches Verständnis von separaten Objekten. In der klassischen Physik könnte ein Objekt ein anderes nur beeinflussen, wenn irgendeine Wechselwirkung (ein Signal, eine Kraft) den Raum zwischen beiden überbrückt, und das dauert mindestens so lange, wie Licht benötigt. Verschränkte Quantenobjekte verhalten sich jedoch wie ein einziges System, egal wie weit sie auseinander liegen. Die Physik betont zwar, dass sich hierüber keine Information mit Überlichtgeschwindigkeit übertragen lässt (man kann das Phänomen nicht zur Kommunikation nutzen). Dennoch offenbart die Quantenverschränkung eine Nichttrennbarkeit der Natur: Auf der tiefsten Ebene der Realität sind getrennte Dinge nicht völlig getrennt. Lokalität – der Gedanke, etwas hier könne etwas anderes dort nur durch eine Kausalkette über den dazwischen liegenden Raum beeinflussen – ist in der Quantenwelt nicht mehr absolut gültig .

Ein mögliches Bild dafür ist, dass die Quantenteilchen vor der Messung gar keine individuellen Eigenschaften im klassischen Sinn besitzen, sondern einen gemeinsamen quantenmechanischen Zustand, der sich über mehrere Orte erstreckt. Unsere Messung entlockt ihnen zwar jeweils zufällige Einzelwerte, aber diese Zufälle sind koordiniert. Es ist, als würden die Teilchen – egal wie weit getrennt – weiterhin „wissen", was mit dem Partner geschieht, und entsprechend reagieren (wobei Begriffe wie „wissen" metaphorisch zu verstehen sind). Das Weltbild der Quantenphysik ist somit eines, in dem Beziehung fundamental ist – eine Beziehung, die Raum und Zeit transzendieren kann.

Solche Phänomene haben Physiker und Philosophen zu der Frage inspiriert, ob die scheinbar getrennte Welt der Objekte nicht in Wahrheit Ausdruck einer tieferen Einheit ist. Einige Interpretationen der Quantenmechanik (z. B. die Viel-Welten-Interpretation oder David Bohms Idee einer impliciten Ordnung) schlagen vor, dass alle Teilchen und Felder in einem ganzheitlichen System eingebettet sind. Was wir als einzelne Teilchen sehen, wären dann lediglich Ausfaltungen eines zusammenhängenden Ganzen. Auch wenn diese Deutungen umstritten sind, zeigt die empirisch belegte Verschränkung: Trennung ist relativ. Auf fundamentaler Ebene ist das Universum eher Netzwerk denn Ansammlung isolierter Punkte.

Raumzeit und kosmische Einheit

Nicht nur im Mikrokosmos, auch im Makrokosmos finden wir Prinzipien der Verbundenheit. Die Relativitätstheorie – speziell Einsteins Spezielle Relativität – hat unsere Vorstellung von Raum und Zeit revolutioniert. Es gibt weder einen absoluten, für alle gültigen Raum noch eine absolute Zeit; vielmehr sind Raum und Zeit untrennbar miteinander verknüpft und vom Bewegungszustand des Beobachters abhängig . Raum und Zeit bilden eine vierdimensionale Raumzeit, ein Kontinuum, in dem Ereignisse je nach Relativbewegung unterschiedlich als gleichzeitig oder nacheinander empfunden werden.

Das bedeutet: **Zwei Ereignisse können für einen Beobachter gleichzeitig sein, für einen anderen nacheinander** – eine Herausforderung für unser Alltagsverständnis von getrennter Zeit. In der Relativität verschmelzen Raum und Zeit zu einem einzigen Gewebe, und Materie sowie Energie krümmen dieses Gewebe. Damit beeinflusst jedes Objekt jeden anderen Ort im Universum, wenn auch mit endlicher Geschwindigkeit (Lichtgeschwindigkeit) und nach bestimmten Gesetzmäßigkeiten.

Während die Relativität die Verbundenheit von Raum und Zeit zeigt, liefert die Kosmologie ein weiteres mächtiges Bild der Einheit: den gemeinsamen Ursprung von allem. Nach dem heutigen Kenntnisstand entstand das Universum vor rund 13,8 Milliarden Jahren im Urknall – einem heißen, dichten Anfangszustand, in dem Raum, Zeit, Materie und Energie vereint waren. Alle heutigen Strukturen (Galaxien, Sterne, Planeten, Lebewesen) sind Resultat der Expansion und Entwicklung aus dieser gemeinsamen Quelle. Insbesondere wurden alle chemischen Elemente,

aus denen wir bestehen, irgendwann im Kosmos
erbrütet.

Die leichten Elemente Wasserstoff und Helium
entstanden schon kurz nach dem Urknall.
Schwerere Elemente (Kohlenstoff, Sauerstoff,
Stickstoff – die Grundlage des Lebens – bis hin zu
Eisen, Gold und Uran) wurden in den Sternen
geschmiedet. Sterngenerationen kochten in ihren
heißen Kernen die chemischen Elemente
zusammen, bis die Sterne am Ende ihres Lebens
explodierten und diese Elemente ins All
schleuderten.

Es handelt sich um die Überreste eines
explodierten Sterns (Supernova), der die in
seinem Inneren erzeugten schweren Elemente ins
Weltall zurückwirft. Solche Nebel verteilen die
"Sternenasche" – zum Beispiel Kohlenstoff,
Sauerstoff, Silizium und andere Elemente – in den
interstellaren Raum . Aus dieser bereicherten
Materie entstehen wiederum neue Sterne und
Planeten. Auch unsere Sonne und die Erde
bildeten sich aus den Überresten früherer Sterne.
Die Atome in unserem Körper stammen zum
großen Teil von Sternenexplosionen, die sich
ereignet haben, bevor unser Sonnensystem
entstand . Anders ausgedrückt: Wir sind

buchstäblich aus Sternenstaub gemacht . Jedes Atom von Kalzium in unseren Knochen, jedes Eisen-Atom in unserem Blut wurde vor Urzeiten in einem Stern erzeugt und fand über viele Zwischenschritte den Weg in uns hinein.

Dieses Wissen vermittelt ein Gefühl der kosmischen Verbundenheit. Wir bestehen aus dem gleichen Stoff wie der entfernte Nebel, der ferne Stern, der Nachthimmel – alles ist aus den gleichen Bausteinen aufgebaut und durch die Geschichte des Universums miteinander verknüpft . Sogar das Licht, das uns erreicht, erinnert daran: Die Photonen, die in unsere Augen fallen, können von Galaxien stammen, die Millionen Jahre entfernt sind – sie verbinden uns sichtbar mit dem Kosmos. Wenn man so will, kennt unser Körper Teilchen, die einst weit entfernte Sterne bildeten. Wir sind ein Knoten in einem unvorstellbar weiten Geflecht von Materie und Energie, das alle

Das Unbewusste als gemeinsamer Nenner

Die oben beschriebenen Vorgänge weisen darauf hin, dass im Unbewussten bereits eine Art Ordnung oder Wissen vorhanden ist, die dem Bewusstsein verborgen bleibt. In der Psychologie unterscheidet man zwischen dem persönlichen

Unbewussten (Erfahrungen und Erinnerungen eines Individuums) und dem Konzept eines kollektiven Unbewussten.

Letzteres bezeichnet einen überpersönlichen Bereich der Psyche – einen Fundus an Bildern, Mustern und Archetypen, der nicht erst durch individuelle Erfahrung gefüllt wurde, sondern allen Menschen von Geburt an gemeinsam ist .

Mit anderen Worten: Es gibt in uns Strukturen und Symbole, die wir nie persönlich erlernt haben und die dennoch vorhanden sind – etwa universelle

Urbilder wie die Mutter, der Held, die Schlange u.v.m., die in Märchen und Mythen aller Kulturen ähnlich auftreten .

Dieses Konzept des kollektiven Unbewussten stützt die Idee, dass individuelle Kreativität auf einen gemeinsamen Pool tiefer Bedeutungen zugreifen kann. Wenn also beim freien kreieren scheinbar zufällige Symbole auftreten, könnte es sein, dass hier archetypische Bilder aus dem gemeinsamen Unbewussten durch den Künstler in seine Arbeit fließen.

Erst im Nachhinein erkennt der Künstler vielleicht: Dieses Symbol passt genau zu meiner aktuellen Lebenssituation – oder es entspricht einem Archetypus, der eine bestimmte Botschaft vermittelt. Die Entstehung war unbewusst, aber keineswegs zufällig, sondern folgte einer tieferen psychischen Logik.

Interessant ist in diesem Zusammenhang die Methode des Automatismus in der Kunst. Die Surrealisten des 20. Jahrhunderts propagierten beispielsweise das automatische Schreiben, Zeichnen, bei dem man spontan und ohne rationales Nachdenken Worte oder Bilder fließen lässt .

Ziel war es, den bewussten Verstand auszuschalten, um das Unbewusste direkt sprechen zu lassen . Auf diese Weise hoffte man, den „wirklichen Ablauf des Denkens" unverfälscht abzubilden .

Tatsächlich entstehen bei solchen Techniken oft Inhalte, die der Künstler erst nachträglich versteht – sozusagen Botschaften aus dem eigenen Unbewussten. Dass verschiedene Menschen dabei auf ähnliche Symbole oder Themen stoßen, deutet wiederum auf kollektive Hintergründe hin.

Unser inneres Erleben ist also nicht vollständig isoliert, sondern durch unsichtbare Fäden mit einer größeren seelischen Ordnung verbunden, die wir teilen.

Fazit: Ein universelles Prinzip der Verbundenheit

Die betrachteten Phänomene und Konzepte – von der individuellen Kreativerfahrung bis zur modernen Physik – weisen alle in eine Richtung: Zusammenhänge und Verbundenheit durchziehen die Realität auf allen Ebenen.

Abschließend lassen sich einige Kernpunkte festhalten:

- Kreatives Loslassen: Wer im Flow schafft, erfährt, dass wahre Erkenntnis nicht durch Kontrolle entsteht, sondern durch das Loslassen. Der Verstand erkennt oft erst im Nachhinein die Ordnung, die das Unbewusste bereits geformt hat. Erkenntnis geschieht nicht in uns als Produkt des Egos, sondern durch uns – als Teil eines größeren Zusammenhangs.

- Psychische Vernetzung: Unsere Psyche ist kein isoliertes System. Archetypen, Intuition und Synchronizität deuten auf eine gemeinsame innere Struktur hin. Innere Zustände und äußere Ereignisse scheinen auf tiefere Weise miteinander verbunden – als Ausdruck einer Ordnung, die nicht erklärbar, aber erfahrbar ist.

- Quantengeflecht: In der Quantenphysik wird sichtbar, dass selbst weit entfernte Teilchen als Einheit agieren können. Raum und Zeit verlieren ihre Trennkraft – was bleibt, ist Beziehung.

- Kosmische Einheit: Jeder Mensch ist buchstäblich aus Sternenstaub gemacht. Wir sind nicht nur Beobachter des Universums – wir sind Teil seiner Geschichte, Ausdruck seiner Entwicklung.

- Tieferliegende Ordnung: Hypothesen wie das holografische Prinzip zeigen: Jeder Teil kann das Ganze in sich tragen. Information, Bewusstsein und Materie könnten Ausdruck einer einzigen, vernetzten Wirklichkeit sein.

Diese Einsichten sind keine esoterischen Ideen, sondern Hinweise auf ein sich abzeichnendes Weltbild, in dem Trennung Illusion ist – und Beziehung Wirklichkeit.

Für unseren Alltag bedeutet das:

Je mehr wir loslassen, desto klarer wird, was sich durch uns zeigen will.

Erkenntnis ist kein Besitz. Sie ist ein Ereignis. Und wir sind nicht ihre Quelle – sondern ihr Resonanzraum.

Vielleicht ist genau das die tiefste Verbundenheit:

Dass Erkenntnis nicht aus dem Ich kommt, sondern durch ein geöffnetes Bewusstsein geschieht.

Und dass wir gerade in diesem Zulassen – in der Offenheit, nicht zu wissen – Teil eines größeren Zusammenhangs werden.

Doch selbst hinter all dem – hinter Flow, Bewusstsein, Quantenfeldern und kosmischer Einheit – liegt etwas noch Ursprünglicheres:

Die Liebe.

•••• •

Kapitel 9 : Die Liebe, von der wir sprechen

Wenn wir in diesem Buch von Bewusstsein sprechen, sprechen wir – bewusst oder unbewusst – auch von Liebe. Nicht der romantischen, nicht der dramatischen. Sondern von jener stillen, gegenwärtigen Form der Liebe, die keine Geschichte braucht.

Es ist die Liebe, die im Raum spürbar wird, wenn ein Mensch wirklich anwesend ist. Die Liebe, die durch einen Blick geht, durch Zuhören, durch das einfache Dasein mit einem anderen Menschen – ohne Absicht, ohne Ziel.

Psychologisch gesehen könnte man sagen: Es ist der Zustand, in dem das Nervensystem nicht mehr im Überlebensmodus ist. In dem der Körper entspannt, das Denken weich wird, die Abwehrmechanismen leiser.

In diesem Zustand beginnen wir, die Welt nicht mehr als Bedrohung zu sehen – sondern als etwas, zu dem wir in Beziehung stehen können.

Und genau in dieser Fähigkeit zur Verbindung, zur Resonanz, liegt das, was wir Liebe nennen.

Liebe ist dann kein Gefühl, sondern eine Qualität der Wahrnehmung.

Sie entsteht, wenn wir aufhören, andere Menschen zu bewerten – und anfangen, sie wahrzunehmen.

Wenn wir die Kontrolle loslassen – und einfach anwesend sind.

Wenn wir im Einkaufszentrum stehen und plötzlich spüren: Jeder Mensch hier trägt eine Geschichte in sich, jeder kämpft seinen eigenen stillen Kampf, jeder will in letzter Konsequenz dasselbe: gesehen, verstanden, gehalten werden.

Diese Form von Liebe ist keine Emotion, sondern ein Bewusstseinszustand.

Sie ist der natürliche Ausdruck von innerer Verbundenheit.

Sie braucht keine Worte, keine Rituale, keine Bestätigung.

Aber sie verändert alles.

Was Liebe ist, wenn sie nichts will

Die meiste Liebe, die wir kennengelernt haben, war an Bedingungen geknüpft: „Ich liebe dich, weil..." – weil du mir gehörst, weil du mich brauchst, weil du mich spiegelst, weil du mich gerettet hast. Doch all diese Formen enthalten ein Wollen, ein Brauchen.

Die Liebe, von der hier die Rede ist, will nichts. Sie ist nicht fordernd, nicht besitzergreifend, nicht dramatisch. Sie entsteht, wenn wir innerlich still genug werden, um den anderen wirklich zu sehen – jenseits unserer eigenen Projektionen.

Die moderne Psychologie beschreibt diesen Zustand als sicher gebundene Präsenz: Ein Nervensystem, das nicht mehr auf Angriff oder Rückzug programmiert ist, sondern offen ist. Das bedeutet: keine Angst vor Nähe, keine Angst vor Freiheit. Eine Liebe, die nichts festhalten muss, weil sie sich selbst genügt.

Und in dieser Offenheit spüren wir: Wir sind verbunden. Immer. Auch wenn der andere geht. Auch wenn wir allein sind. Auch wenn niemand antwortet.

Begegnung statt Bewertung

Im Alltag neigen wir dazu, Menschen einzuordnen: sympathisch, unsicher, attraktiv, schwierig. Doch was wäre, wenn wir für einen Moment diese Bewertung aussetzen? Wenn wir stattdessen einfach wahrnehmen?

Dann beginnen wir, etwas Tieferes zu sehen: Die feinen Nuancen in der Stimme. Die Müdigkeit in den Augen. Die Angst hinter der Wut. Die Unsicherheit hinter der Arroganz. Und vielleicht – ganz leise – auch den Wunsch nach Verbindung.

In diesem Moment begegnen wir dem Menschen selbst, nicht nur dem Verhalten. Das ist Liebe. Keine große Geste, kein Versprechen – nur Wahrnehmung ohne Urteil. Und genau das berührt.

Liebe als Rückverbindung mit dem Wesentlichen

Wenn Menschen sagen: „Ich bin wieder in der Liebe", meinen sie oft genau das. Nicht verliebt –

sondern offen, weich, verbunden. Es ist ein Zustand, der nicht erkämpft wird, sondern wiedergefunden.

Als sei da etwas in uns, das nie weg war – nur verschüttet, überlagert von Lärm, Stress und Schutzmechanismen.

Diese Rückverbindung ist heilsam. Sie braucht keine großen Erkenntnisse, sondern nur das Erlauben. Das Zulassen der eigenen Empfindlichkeit. Der Blick nach innen, der nicht analysiert, sondern fühlt.

In dieser Offenheit heilen oft Dinge, von denen wir dachten, sie seien längst abgeschlossen. Nicht durch Reden. Sondern einfach durch Dasein. Präsenz. Liebe.

Ein Alltag mit offenem Herzen

Du musst nicht meditieren, um in der Liebe zu sein. Du musst nicht alles verstehen. Du musst nicht perfekt sein.

Aber du kannst – jetzt, heute – mit offenem Herzen durch dein Leben gehen. Du kannst im

Supermarkt der Kassiererin wirklich in die Augen schauen. Du kannst deinem Kind zuhören, ohne es zu korrigieren. Du kannst jemanden umarmen, ohne etwas dabei zu sagen.

Und genau das ist es, was in unserer Welt fehlt: Menschen, die nichts wollen, sondern einfach da sind. Menschen, die nicht fixen, sondern halten. Menschen, die nicht analysieren, sondern spüren.

Die gute Nachricht: Du bist so ein Mensch. Du hast es nicht verloren.

Am Ende: Nicht „Ich liebe dich" – sondern „Ich bin in Liebe"

Vielleicht ist das der Weg, den wir hier gemeinsam gegangen sind:

Von der Frage „Was ist Bewusstsein?" zur Erfahrung „Ich bin in Liebe".

Nicht als Emotion. Sondern als innerer Zustand. Als Rückverbindung mit dem, was dich wirklich ausmacht.

Wenn du in der Liebe bist, brauchst du niemanden, der dich rettet.

Wenn du in der Liebe bist, brauchst du keine Sicherheiten.

Wenn du in der Liebe bist, bist du in dir selbst zuhause – und kannst andere frei lassen.

Das ist es, worauf alles hinausläuft. Nicht auf Erkenntnis. Nicht auf Erfolg. Nicht auf Kontrolle.

Sondern auf die **Liebe zu sich selbst und zu anderen.**

Schlusskapitel

Dieses Buch war von Beginn an eine Einladung: keine Theorie, sondern ein Raum – nicht zum Überzeugen, sondern zum Erleben.
Und so, wie sich die Gedanken organisch entfaltet haben, entstand auch seine Form auf ungewohnte Weise. Dieses Kapitel soll den Prozess seiner Entstehung nachvollziehbar machen – und zugleich einen Blick öffnen auf die größeren Fragen, die mit diesem Prozess verbunden sind: Fragen nach Menschlichkeit, nach dem Verhältnis von Bewusstsein zu Technologie und nach dem, was uns als Gesellschaft erwartet.

Die Entstehung – zwischen Intuition und Information

Dieses Buch ist nicht allein auf der Grundlage von Gedanken oder analytischer Reflexion entstanden. Es basiert ebenso wenig ausschließlich auf Studien, Quellen oder theoretischen Konstruktionen. Es ist entstanden an einem Schnittpunkt, an dem sich menschliches Bewusstsein und maschinelle Intelligenz begegnen – in einem Dialog zwischen Intuition und Information.

Die KI ermöglichte den Zugang zu einem breiten interdisziplinären Spektrum: Philosophie, Physik, Neurowissenschaften, Systemtheorie, Literatur, Soziologie. Sie strukturierte, verband, verglich – stellte historische Kontexte her. Doch Entscheidungen traf sie nicht.

Die wesentlichen Impulse kamen aus gelebter menschlicher Erfahrung. Die KI fungierte als Werkzeug – präzise, vielseitig, aber stets reaktiv. Sie konnte Orientierung bieten, nicht aber Bedeutung erzeugen. Die Auswahl, das Gewicht und die Richtung des Textes blieben menschlich bestimmt.

Die Arbeitsweise folgte dem Charakter des Prozesses: nicht linear, sondern schrittweise und überprüfend. Inhalte wurden immer wieder hinterfragt, angepasst und neu strukturiert. Bestand hatten nur Substanz, Relevanz und Kohärenz.

Das Ergebnis ist ein Text, der maschinelle Kapazität nutzt, um menschliche Tiefe sichtbar zu machen – und damit auch ein Zeitdokument: ein Spiegel neuer Formen der Zusammenarbeit zwischen Mensch und Maschine, mit all ihren Potenzialen und offenen Fragen.

Persönlicher Hintergrund der Entstehung

Die Grundlage für dieses Buch liegt jedoch tiefer. Es ist nicht als Projekt, sondern aus einem längeren persönlichen Entwicklungsprozess heraus entstanden.

Über einen Zeitraum von vielen Jahren hinweg haben sich Erfahrungen, Beobachtungen, Zufälle und Begegnungen zu einem inhaltlichen Netz verdichtet.

Ein Projekt, ein Gespräch, ein Bild – vieles schien zunächst isoliert, erwies sich im Rückblick jedoch als Teil einer kohärenten Entwicklung.

Der Ursprung des Ausdrucks lag dabei im Visuellen: im Malen, im Designen, im Erschaffen. In der bildnerischen Auseinandersetzung wurden erste intuitive Zugänge zu Fragen sichtbar, die später textlich bearbeitet wurden.

Einige dieser Erfahrungen und Erkenntnisse sind in die Beschreibungen der Werke geflossen, andere auf seine Zeit gewartet.

Dieses Buch ist somit das Ergebnis eines integrativen Prozesses: persönlich initiiert, technologisch unterstützt, interdisziplinär genährt.

Es steht exemplarisch für eine Zeit, in der neue Werkzeuge nicht nur Arbeitsmethoden verändern, sondern auch unsere Art zu denken, zu verarbeiten und zu kommunizieren.

Menschlichkeit im Zeitalter der künstlichen Intelligenz

Die vergangen Jahre haben gezeigt: Künstliche Intelligenz verändert nicht nur, wie wir arbeiten – sondern auch, wie wir denken, entscheiden, kommunizieren.

Systeme wie Sprach-KI, lernende Agenten oder humanoide Roboter beginnen, in immer mehr Lebensbereiche vorzudringen. Sie erkennen Muster, sie interpretieren Sprache, sie schreiben Texte, komponieren Musik, analysieren medizinische Bilder. Manche werden zu Gesprächspartnern, andere zu Arbeitskollegen.

Studien zeigen: Menschen schenken Maschinen in bestimmten Situationen mehr Vertrauen als anderen Menschen – insbesondere, wenn es um Schnelligkeit, Neutralität oder Verlässlichkeit geht.

In simulierten Gefahrensituationen lassen sich Probanden oft lieber von einem Roboter als von einem Mitmenschen korrigieren. Gleichzeitig bleibt ein Paradox: Maschinen mögen effizienter sein – aber nicht empathischer. Sie mögen präziser entscheiden – aber sie fühlen nicht. Sie erzeugen keine Ethik, keine Würde, keine Verantwortung.

Arbeitswelt im Wandel

Im Kontext von Automatisierung und KI wandelt sich die Arbeitswelt grundlegend. Was früher als rein menschlich galt – etwa die Kommunikation mit Kunden, die Verwaltung von Informationen, sogar kreative Prozesse – wird heute von Algorithmen mitgestaltet.

Dabei verschwinden nicht nur Jobs – es entstehen auch neue. Der Übergang ist jedoch nicht gleichmäßig. Während einige Berufe aufgewertet werden, geraten andere unter Druck. Besonders betroffen sind Tätigkeiten mit hohem Wiederholungsgrad – von Sachbearbeitung über Transport bis zu Teilen des medizinischen oder juristischen Feldes.

Zugleich werden neue Qualitäten gefragt: Kooperationsfähigkeit mit KI-Systemen, kritische Reflexion, ethische Urteilskraft. Das klassische „Lernen eines Berufs" weicht einer kontinuierlichen Weiterentwicklung. Bildung wird fluider – und damit auch fragiler.

Humanoide Robotik: Maschinen im menschlichen Gewand

Ein weiterer Bereich, in dem sich Wandel vollzieht, ist die Gestaltung von Maschinen. Roboter werden nicht nur funktionaler – sie werden menschenähnlicher. In Größe, Gestik, Mimik, Motorik. Die Technik folgt hier einer sozialen Logik: Was uns vertraut erscheint, akzeptieren wir leichter. Wenn Roboter wie Menschen agieren, können sie in Räume eintreten, die zuvor nur dem Menschen vorbehalten waren: Pflege, Erziehung, Sicherheit, Gastgewerbe.

Gleichzeitig entsteht neue Komplexität. Ein Roboter, der wie ein Mensch aussieht, weckt Erwartungen – an Empathie, Verständnis, moralische Urteilskraft. Doch diese kann er nicht erfüllen. Er bleibt ein System – auch wenn er lächelt.

Die ethische Frage

Mit der technischen Fähigkeit wächst die ethische Verantwortung. Wer trägt Verantwortung, wenn autonome Systeme Fehler machen? Wer entscheidet, welche Werte in ihre Entscheidungslogik implementiert werden? Und was geschieht, wenn Maschinen nicht nur Entscheidungen vorbereiten, sondern treffen?

All diese Fragen sind nicht technologisch zu lösen – sie sind gesellschaftlich, philosophisch, rechtlich. Die Ethik der KI ist nicht die Ethik der Maschine, sondern die Ethik derer, die sie bauen und einsetzen.

Was bleibt dem Menschen?

In einer Zeit, in der Maschinen schneller rechnen, klarer entscheiden und effizienter organisieren, wird das, was den Menschen ausmacht, neu sichtbar: seine Fähigkeit zur Resonanz, zur Stille, zur Ambiguität.

Der Mensch ist mehr als ein Problemlöser. Er ist ein Bedeutungsträger. Ein Erfahrungsraum. **Ein Wesen, das nicht nur antwortet, sondern fragt.**

In einer digitalisierten Welt wächst der Wert von Kreativität, Empathie und geistiger Weite.

Kinder, die heute heranwachsen, sollten nicht auf ihre Konkurrenzfähigkeit mit Maschinen vorbereitet werden – **sondern auf ihre Menschlichkeit.**

Auf die Fähigkeit, zu fühlen, zu gestalten, zu zweifeln, zu fragen.

DAS UNIVERSUM MACHT KEINE FEHLER

Für Levin und Elá